Horst Biernath

Fröhliche Wiederkehr
oder
Kein Garten Eden

Roman

Ehrenwirth

ISBN 3-431-01557-3

Druck: Georg Wagner Nördlingen
Printed in Germany 1973

Die Ich-Form der Erzählung bedeutet nicht, daß es sich um Memoiren handelt. Aus Erinnerungen an Erlebtes und Erfahrenes wurde der Roman einer Reise zu einem anderen Planeten, zu keinem Paradies, zu keinem Garten Eden, zu einem anderen Stern.

Die Frage, in welchem Zeitalter der Vergangenheit man gern gelebt hätte, ist zwar müßig, aber mindestens ebenso unterhaltsam wie andere Gesellschaftsspiele. Doch es sind nur ausgesprochen romantische Naturen – und auch sie nur zögernd und mit einem Katalog von Vorbehalten –, die es vorzögen, Zeitgenossen des jungen Goethe oder des Sonnenkönigs zu sein. Es ist zum Teil wohl auch eine Kostümfrage, aber ob man sich nun für den Wertherfrack oder für die Allongeperücke entscheidet, einiges aus der Gegenwart möchte man doch in die Vergangenheit mitnehmen, etwa das komplette Badezimmer, die chirurgische Abteilung des Kreiskrankenhauses und vielleicht auch noch den Zahnarzt. Zuweilen aber taucht auch eine andere Spielart der Frage auf, und manchmal stellt man sie sich selber: ob man noch einmal jung sein und sein Leben noch einmal von vorne beginnen möchte. Die Antwort, zumeist ein spontanes Nein, mag oft der Torheit der Frage an sich gelten, denn was soll's, die Wasser des Flusses, die den Schwimmer heute tragen, sind eben andere als jene, in die er sich einst zu den ersten zappelnden Schwimmversuchen hineinwagte. Und doch, mit merkwürdiger Zähigkeit klopft die Frage immer wieder einmal an; und vielleicht verzögert man dieses Mal die rasche Antwort und stellt die Gegenfrage: wie jung? Den schmerzhaften Prozeß des Reifens möchte kaum jemand noch einmal durchstehen, auch nicht die Niederlagen und nicht die Zeit dumpfer Lebensangst, die manchen bis an die Pforte des dunklen Tores führte und einige Jugendfreunde die Schwelle überschreiten ließ. Gewiß war auch damals, als wir bald nach der Jahrhundertwende auf die Welt kamen und unsere Eltern fest davon überzeugt waren, daß wir eine herrliche und glänzende Zukunft vor uns hätten, diese Welt durchaus nicht in Ordnung. Doch sie war auch noch nicht aus den Fugen gegangen. Aber dann gerieten wir in den Orlog des Ersten Weltkrieges und in die Hungerjahre und in die Papierfluten der Inflation. Dann kam das Desaster der Wirtschaftskrise am Ende der zwanziger Jahre, die große Arbeitslosigkeit, die verzweifelte Suche nach einer Existenz und schließlich jener schreckliche Strudel, der uns eine kurze Zeit nach oben zu wirbeln schien, um uns am Ende in Tiefen zu reißen, aus denen wir, wenn wir Glück hatten, gerade das nackte Leben retteten. Um Gottes willen, das alles nicht noch einmal! Wenn es mir aber vergönnt würde, das Rad der Zeit sechzig oder siebzig Jahre zurückzudrehen, ich glaube, zu den ersten zehn oder zwölf Jahren meines Lebens würde ich gern zurückkehren und sie gern noch einmal erleben. Und ich meine, die Reise in die Vergangenheit auf der wunderbarsten aller Zeitmaschinen, der Erinnerung, wird eine recht fröhliche Wiederkehr werden.

Geburtstage zu feiern war, besonders in späteren Jahren, nie meine Sache. Ich habe sie aber auch nie ganz übersehen können, denn meine Mutter brachte mich zur Welt, als sie ihren dreißigsten Geburtstag mit den Damen ihres Kaffeekränzchens festlich begehen wollte. Die Kaffeetafel mit dem schweren Sandkuchen, einem noch schwereren Mohnstollen und Mutters Spezialität, einer mit Arrak getränkten Biskuittorte, fiel also aus; mir aber brachte es Vorteile, die Feier durch mein etwas vorzeitiges und eiliges Erscheinen gestört zu haben, denn die Damen des Kränzchens fühlten sich fortan verpflichtet, auch mir ein kleines Präsent mitzubringen, Karamellen, Katzenzungen, Lakritzenstangen oder später, als mir ein dunkler Flaum unter der Nase zu sprießen begann, eine Schachtel Zigaretten. Besonders verwöhnte mich die ältere der beiden Schwestern Jüterbock, die in Königsberg eine bekannte Leihbibliothek besaßen und die Güter und den Landadel der ganzen Provinz mit literarischen Neuigkeiten versorgten. Die Bücher wurden in eigener Werkstätte mit braunen Lederrücken versehen und in dunkelgrüne, dauerhafte Kalikoumschläge gebunden. Wenn meine Mutter den verruchten »Prinz Kuckuck« von Otto Julius Bierbaum oder Spielhagens »Problematische Naturen« bekam, sahen die Bände zumeist schon ziemlich fettig aus, denn auch die Damen vom hohen Adel waren bei der Schweineschlachtung dabei und bereiteten das Brat ihrer Blut- und Leberwürste höchst eigenhändig. Der Grund für die besondere Verwöhnung durch die ältere der Schwestern Jüterbock lag daran, daß sie als junge Lehrerin eine Poliomyelitis durchgemacht und davon eine Lähmung beider Beine zurückbehalten hatte. Wir wohnten damals, mit dem Blick auf eine Gärtnerei, im zweiten Stockwerk eines Hauses in der Bachstraße, und zu meinen Pflichten gehörte es, Mutters Freundin aus dem Rollstuhl zu heben und zu unserer Wohnung emporzutragen. Das federleichte alte Mädchen, das mir als ein heiteres, immer gut gelauntes Wesen in Erinnerung steht, unterließ es nie, tief aufzuseufzen und den Damen des Kränzchens zu versichern, wie sehr es sie durchwärme und wie wohl es ihr tue, einmal in den Armen eines jungen Mannes zu liegen. Ich hörte das immer mit einiger Verlegenheit. –

Das liegt nun fünfzig und noch einige Jahre mehr zurück, und ich habe es auch nur erwähnt, um zu erklären, weshalb ich auch in späteren Jahren, solange Mutter lebte, durch ihren an meinen Geburtstag erinnert wurde, recht lange sogar, denn sie wurde zweiundneunzig Jahre alt. In diesem Jahr nun fiel mein Geburtstag auf einen Sonntag, und wie immer in die großen Ferien. Töchter, Schwiegersöhne und Enkel aalten sich irgendwo an der italienischen oder jugoslawischen Adriaküste und schickten von dort prächtige bunte Ansichtskarten mit herzlichen Grüßen und Wünschen. Ich steckte gerade im Anfang einer neuen Arbeit und hatte nicht die geringste Lust, mich darin stören zu lassen. Aber dann erschien unsere Jüngste, deren Geologenmann seit dem Beginn des Jahres mitten im brasialianischen Urwald Öl oder Uran zu entdecken hoffte, mit unserem achtjährigen Enkel Wolfgang und mit zwei sündhaft teuren Flaschen Denis Mounié, auf deren Etikett zu lesen stand, daß er der Lieblings-Cognac der englischen Königin sei. Ich muß bestätigen, daß die Königin einen ausgezeichneten Geschmack besitzt.
Es war ein schöner, etwas föhniger Sommertag. Die Alz, die sich unterhalb unseres kleinen Hauses vor einem Betondamm auf die Breite von mehr als hundert Metern staut, hatte die angenehme Wassertemperatur von 21 Grad, was nicht immer der Fall ist, denn die Traun, die sich unterhalb des Altenmarkter Wehrs in unseren Badefluß ergießt, bringt oft sehr kaltes Wasser heran. Vom Kaffeetisch aus, den die Frauen auf der Terrasse deckten, sah man, in zarten Blautönen gegen den Horizont getuscht, die großen Landschaftswächter des Chiemgaues, den Hochfelln und den Hochgern.

Wir waren am Vormittag zweimal im Wasser gewesen. Die Alz hat eine kräftige Strömung, mit ihrem starken Gefälle ist sie der schnellste von den oberbayerischen Flüssen. Wenn man fünf Minuten lang gegen den Strom schwimmt und sich dabei auf der Stelle hält, hat man das tägliche Trimm-dich-Pensum geschafft. Natürlich hatte Wolfgang die Badehose mitgebracht, vielmehr, er war schon daheim nur mit der Badehose bekleidet in den Wagen geklettert und zerrte mich, kaum, daß er sein Geburtstagssprüchlein heruntergeleiert hatte, zum Wasser und zum dritten Bad an diesem Tage. Und selbstverständlich war unsere geradezu wassernärrische Boxerhündin Bobbi mit von der Partie, die einzige von uns, die mühelos gegen den Strom schwamm und dabei noch nach Steinen und treibendem Holz tauchte. Nach einer Viertelstunde wurden wir zum Kaffee gerufen, zur Feier des Tages gab es Apfelkuchen mit Schlagrahm, und dann streckten wir uns im Halbschatten eines hochgewachsenen Goldregenstrauches in die Liegestühle. Und dann kam, während der Hund im Schatten meiner Liege hechelte und nach Fliegen schnappte, wie immer in dieser Stunde des Dösens, von unten herauf Wolfgangs Bitte, denn er hatte es sich neben dem Hund auf dem Rasen bequem gemacht: »Erzähl was, Opa. Die Geschichte vom Wundergroschen – oder wie der Russe deinem Großvater die Uhr klaute – oder die Geschichte von den Seifenblasen – oder ganz was Neues...«

Wie oft habe ich ihm und den anderen Enkeln diese Geschichten erzählen müssen. Wie die Märchen vom Rotkäppchen oder vom Schneewittchen konnten sie sie nicht oft genug hören, und als wären es Bibeltexte, achteten sie streng darauf, daß nicht das geringste

Detail ausgelassen oder daß irgend etwas daran geändert wurde. Es war, als verbürge der genaue Text die Glaubwürdigkeit meiner manchmal mit ein wenig Phantasie ausgeschmückten Geschichten, denn die Wahrheit, die reine Wahrheit und nichts als die Wahrheit geht zumeist auf Plattfüßen.
Man sagt, es sei ein Alterszeichen, wenn man oft in die Vergangenheit blicke. Das mag wahr sein. Aber ich habe diese von den Eltern und Großeltern gehörten, übernommenen oder in ihrer Gegenwart erlebten Geschichten immer als einen Teil meiner selbst empfunden, wie die von den Vorfahren ererbte Schädelform und Gesichtsbildung, wie die Statur und die breiten Schusterdaumen, die sicherlich nicht daher stammen, daß der Großvater väterlicherseits tatsächlich zu Arys Schuhmachermeister war. Denn so oft kann er sich auch als Lehrling dieses ehrsamen Handwerks nicht auf den Daumen gehauen haben, daß das zu einem Erbstück führte. Diese Geschichten sind ein Stück von mir, ein merkwürdiges Stück allerdings, denn wenn meine Enkel oder auch Freunde mich drängen, sie zu erzählen oder mich an Dinge aus jenen vergangenen Tagen zu erinnern, die noch in mir ruhen und keine Form gefunden haben, dann beschleicht mich immer wieder das Gefühl, Ereignisse von einem anderen Planeten zu berichten. Von Obstgärten, in denen die großen Alexander-Äpfel so riesig wie Kinderköpfe an den Zweigen hingen, von Tagen, da der Lyck-Fluß von Fischen wimmelte, und die laichenden Hechte zu Dutzenden bleifarben, dick und unbewegt in den Altwassern standen. Vom Kaufladen um die Ecke, wo Zucker, Salz und Mehl aus braunen Schubladen in spitze Tüten geschaufelt wurden, die der blau beschürzte Gehilfe blitzschnell über den

Daumen drehte. Von holzgepflasterten Straßen, die von einem Ende bis zum anderen ein riesiger Spielplatz waren, auf dem uns nur selten eine Pferdedroschke störte. Der von dicken, gelben Rössern gezogene Bierwagen bot herrliche Gelegenheit, auf dem in Ketten schwankenden Hebebaum ein Stück mitzufahren, solange, bis irgend ein Neidhammel »Hau über!« rief, worauf der Kutscher, wenn er schlecht gelaunt war, die lange Peitsche über unsere Köpfe zischen ließ. Einmal verlor ein Junge durch solch einen Peitschenschlag ein Auge, ein Betriebsunfall, der dem Kutscher vor Gericht eine Menge Scherereien einbrachte. Wir verdankten unserem fortan einäugigen Spielgefährten, daß die Kutscher lange Zeit, bis wir aus dem Aufspring- und Mitfahr-Alter herauswaren, mit ihren Peitschen sehr behutsam umgingen. Wahrhaftig, es war ein anderer Planet. Kein paradiesischer Planet, kein Garten Eden, das will ich damit nicht sagen. Es war ein anderer Planet, der Erde ähnlich, aber ohne Autos, ohne Flugzeuge, ohne Lärm und ohne Gestank, zwar schon mit Straßenbahnen, die aber auch nur in den Großstädten und dort fernab von unseren Spielstraßen über die Schienen ratterten. Der ärgste Umweltschmutz bestand aus Pferdeäpfeln und Hundeköteln. Aber auch das war gar nicht schlimm, denn wer einen Garten hinter dem Haus hatte – und wer hatte den nicht? – sorgte mit Schaufel und Besen dafür, daß die Pferdeäpfel den Walnußbaum oder die Karotten und Küchenkräuter düngten. Und dieses Geschäft besorgten Dienstmädchen, die jung und ungeschliffen als Rohdiamanten vom Lande kamen und das Haus nach einem Schleifprozeß, der sechs bis acht Jahre dauerte, als Brillanten verließen. Für gewöhnlich heirateten sie, wenn sie Rühreier, Erbsensuppe und Schweinebraten zuzubereiten verstanden, einen Maurer aus Rothfliess.

Eine wahre Perle unter unseren Mädchen war Anna, Anna Ballnies. Ihr Vater war Flößer. Sie kam aus dem Litauischen, und ich verdanke ihr, daß ich heute noch auf litauisch zählen kann: wäns – do – tris – tettares – pente... Sie trat den Dienst bei uns 1906 als fünfzehnjähriges Mädchen an und schlief auf einem Bett, das abends aus dem unteren Fach eines Geschirrschrankes herausgezogen wurde, in der Küche. Wie hoch ihr Lohn war, weiß ich nicht, aber ich möchte annehmen, daß er einen Taler im Monat nicht überstieg. Dafür bekam sie die abgelegten Kleider von der Gnädigen. Über diese sozialen Zustände habe ich mir allerdings erst sehr viel später Gedanken gemacht. Aber Anna scheint sich bei uns wohl gefühlt zu haben, denn sie übersiedelte mit uns, als sich mein Vater 1910 nach Königsberg versetzen ließ. Dort bezog sie eine, wenn auch unheizbare Mädchenkammer, drei Meter lang und anderthalb breit. Die Petroleumlampe durfte sie aus der Küche mitnehmen und bis zehn Uhr brennen lassen. Denn sie las leidenschaftlich gern, die Marlitt und eine in unendlichen Fortsetzungen und mit knallbunten Titelseiten erscheinende Heftserie »Prinzeß Übermut«, deren Abenteuer sie mir vorlas und mir damit die erste Begegnung mit der Literatur vermittelte. Anna blieb zehn Jahre bei uns. Sie heiratete 1916 einen Maurermeister, der es durch Fleiß, Verstand, Geschick und günstige Grundstücksspekulationen zu Ansehen und Vermögen brachte, zu mehr Vermögen jedenfalls, als es mein Vater jemals hätte erlangen können.

Aber immer, wenn bei uns später die Rede auf Anna kam, und da sie mit Mutter über lange Jahre in

Verbindung blieb, wurde oft von ihr gesprochen, sagte Mutter, nachdem sie versichert hatte, wie sehr sie Anna ihr Glück gönne: so eine wie Anna bekommen wir nie wieder. Und damit behielt sie recht.

Ich verdanke Anna mehr als ein paar litauische Sprachbrocken. Sie war eine Fundgrube zumeist schrecklicher Geschichten, die mir als Kind Kellerangst und Furcht vor der Dunkelheit einjagten, und die ich dennoch allen Erkenntnissen moderner Kindererziehung zum Trotz nicht missen möchte. Ich bedaure noch oft, sie nicht genug ausgequetscht zu haben.

Da war die Geschichte von dem kleinen Mädchen, das bei bitterer Kälte an dem vereisten Geländer der Tilsiter Memelbrücke geleckt hatte, mit der Zunge am Eisen kleben geblieben war und eines jämmerlichen Todes sterben mußte. Eine Geschichte von hohem pädagogischem Wert, denn ich habe nie an eisernen Brückengeländern an Frosttagen geleckt. Da war die Geschichte von dem jungen Forsteleven, den Wilderer in den litauischen Wäldern gefangen, entwaffnet, gefesselt und lebendig in einen Ameisenhaufen gesetzt hatten; sein blankes Gerippe wurde erst nach Monaten entdeckt. Da war die Geschichte von dem Säufer, der in einer eisigen Winternacht vom Wege abgekommen, in den Straßengraben getorkelt, dort liegen geblieben und so steif gefroren war, daß er, als man ihn fand und wegschaffen wollte, wie Glas in lauter kleine Splitter zerbrach. Und da war die Geschichte von dem anderen Säufer – der Alkohol und die Hoffmannstropfen spielten in ihren Geschichten eine bedeutende Rolle –, der so gänzlich von Schnaps durchtränkt war, daß er eines Tages beim Anzünden einer Zigarre von innen heraus verbrannte, so daß

von ihm nicht mehr als ein Aschenhäufchen, soviel wie in einen Hut geht, zurückblieb.
Wenn mein Vater nach einem besonders fetten und reichhaltigen Essen zwei oder drei Kornschnäpse hinter die Binde kippte und sich dann seine Brasil anbrannte, beobachtete ich ihn mit ängstlicher Spannung, ob ihm wohl das gleiche Schicksal widerfahren würde. Nun, so gänzlich alkoholdurchtränkt war er denn doch wohl nicht, um gleich von innen heraus zu einem Aschenhäufchen verzehrt zu werden, das gerade in einen Hut hineinging. Aber den nachhaltigsten Eindruck machte doch Annas Geschichte von dem armen Dienstmädchen auf mich, das von seinem Brotherrn in den Keller geschickt, um eine Flasche Bier zu holen, das Herannahen eines Unholdes hörte, der, auf einem Stelzbein heranstapfend, mit dumpfer Stimme immer wieder fragte: »Wer hat mein Bein? Wer hat mein Bein?« bis er das unglückliche Mädchen urplötzlich packte und mit grausiger Stimme schrie: »Du hast mein Bein!« Anna spielte dieses gespenstische Spielchen mit mir in der dunklen Küche, und wenn sie tapp tapp tapp tapp auf mich zustelzte, mit dumpfer Stimme nach dem verlorenen Bein fragte, mich plötzlich packte und mir »Du hast mein Bein!« ins Ohr schrie, dann standen mir die Haare zu Berge. Ich fürchtete mich dabei halb zu Tode, aber ich quälte sie immer wieder und im Verlaufe der Jahre gewiß hundertmal nach Wiederholungen der gruseligen Kellerszene. Kein Wunder, daß ich eines Tages, es war noch in Lyck und ich war noch keine sechs Jahre alt, von der Mutter in den Keller geschickt, um ein paar Äpfel heraufzuholen, das Schlürfen und Tappen vieler Füße zu hören glaubte und beim Griff in die Apfelstellage in Ohnmacht fiel

und mir dabei den Schädel aufschlug. Aber es war nicht der Mann mit dem Holzbein, der meinen Daumen gepackt hatte, es waren die scharfen Zähne einer Ratte.

Ratten Schaben Mäuse – Flöhe Wanzen Läuse – minkel pinkel Hühnerdreck – eins zwei drei und du mußt weg. Ein schöner und beliebter Abzählreim, aus heutiger Sicht will es mir aber doch scheinen, daß es in dem blanken Spiegelbild jener Tage einige recht trübe Stellen gegeben hat. Die unheimlichste Rattengeschichte aber wußte meine Großmutter zu erzählen, eine Geschichte aus der Familientruhe sozusagen, denn Großmutter hat sie als Kind selbst erlebt, und ich ließ sie nicht müde werden, diese makabre Geschichte dutzendfach zu wiederholen. Großmutter hat mit achtzehn Jahren im Jahre 1874 geheiratet. Ein Jahr später kam meine Mutter zur Welt. Als die Geschichte passierte, war sie ein Mädel von zehn Jahren. Es muß also im Jahre 1856 geschehen sein. Ich erinnere mich nicht, von ihr die Jahreszahl gehört zu haben, um so besser erinnere ich mich ihrer Worte:

Es war damals ein Sommer, in dem die Sonne vom Mai an über die Memelniederung zu scheinen aufhörte. Kein Lichtstrahl kam vom Himmel, und aus grauen Wolken, durch die kein Schnupftüchelchen Blau schimmerte, fiel ein sickernder, suppender, trommelnder Regen zur Erde nieder. Der Roggen verfaulte auf dem Halm, die Felder und Wiesen wurden zu Sümpfen, und dann kam das Schlimmste, auch die Kartoffeln erstickten und verfaulten im Naß. In den letzten Julitagen erkrankte mein jüngster Bruder Felix, ein Junge von sechs Jahren. Er fieberte, bekam Halsschmerzen und Atemnot, und es dauerte eine Weile, bis die Eltern erkannten, daß es die Bräune war. So nannte man damals die Diphtheritis. Der Reitknecht, den mein Vater zum Doktor nach Heydekrug schickte, kam nach schwierigem Ritt auf ersoffenen Wegen mit dem Bescheid zurück, der Arzt würde erst zur Nacht daheim erwartet, da zu allem Unglück in der Jugnater Gegend auch noch das Brunnenfieber – der Typhus – ausgebrochen sei. Der kleine Felix phantasierte bereits, und seine Atemnot wurde immer qualvoller anzusehen. Die Nacht brach herein. Mein Vater starrte durchs Fenster in den rinnenden Himmel. Und plötzlich drehte er sich um, legte mir die Hand auf die Schulter: Lauf, Kind, der Jurgaitis soll den Jagdwagen anspannen!

Du kommst mit dem Wagen nie im Leben durch, sagte meine Mutter mutlos. Aber Vater ließ sich nicht beirren. Es muß gehen! sagte er entschlossen; ich nehme die Schecken an die Deichsel und die Rappstute gesattelt als Handpferd, und wenn der Wagen stecken bleibt, nun gut, dann lege ich mir das Jungchen für den Rest des Weges in den Arm und reite. Und zu mir sagte er: Nun lauf schon, Marjellchen! Und zur Mutter: Pack mir den Jungen warm ein! Und damit war es gesagt und getan. Meine Mutter bettete das keuchende Kind in die Mulde des Kutschbockes dem Vater zu Füßen, er spannte die schwarze Lederdecke schützend über ihn, griff nach der Peitsche und fuhr bald darauf nach kurzem Abschied durch das Hoftor auf die sumpfige Landstraße hinaus, in den Nebel und in die fahle Nacht hinein, denn ganz dunkel wurde es dort oben im Sommer nie. Es war ein Weg von fünf Meilen bis zum Arzt. Die Doktoren waren damals dünn über das Land verstreut. Der Vater schonte die Pferde nicht, der erstickte Atem des kleinen Felix trieb ihn voran.

So mochten sie die Hälfte des Weges zurückgelegt haben, als mein Vater merkte, daß die Pferde verhaltener liefen, nicht etwa erlahmten oder müde wurden, sondern abstemmend vom Wege drängten und den leichten Wagen bald nach links und bald nach rechts herüberrissen, als suchten sie nach einem Fluchtweg quer über die ersoffenen Äcker, in denen der Wagen rettungslos stecken geblieben wäre. Auch das Sattelpferd, ein frommes Tier sonst, gebärdete sich ängstlich, schnob und legte die Ohren flach an, warf den Hals zurück und querte, kurzum, es sah gerade danach aus, als ob die Pferde im nächsten Augenblick aus unersichtlichen Gründen durchgehen wollten.
Wie ich deinen Urgroßvater kenne, Jungchen, fuhr Großmutter dann fort, nachdem sie zwanzig wohlabgezählte Hoffmannstropfen auf ein Stückchen Würfelzucker geträufelt und als Stärkung der Lebensgeister zu sich genommen hatte, wird er mit Flüchen über die unvernünftige Kreatur nicht gerade gespart haben. Er war ein kleingewachsener Mann, aber mächtig breit in den Schultern und ungeheuer stark. Wenn er einen Doppelzentnersack Gerstenschrot auf den Wagen warf, so sah es aus, als spiele er damit. Aber hier, ob Güte oder Zorn, die Pferde brachen mit dem Wagen hinüber und herüber, und nur seine Riesenkraft verhinderte sie am Durchgehen querfeldein. Und dann standen sie plötzlich. Sie verhielten zitternd und schnaubend mitten auf der Straße, drängten zurück, wurden mit der Peitsche hart vorangetrieben und zogen auch wieder an, aber für wenige Schritte nur, und mit jener entsetzlichen Angst in den weißrollenden Augäpfeln, die der kennt, der einmal hinter durchgehenden Pferden auf dem Kutschbock saß. Und dann war auch für meinen Vater der Augenblick

gekommen, von einem ungeheuren Entsetzen gepackt und für Sekunden gelähmt zu werden. Die Straße nämlich unter ihm lebte plötzlich. Sie schwamm unter ihm dahin wie ein grauer Strom. So weit das Auge durch die milchige Dunkelheit der nördlichen Sommernacht reichte, quoll es heran, ein raschelndes, quiekendes Gewimmel, ein Millionenheer von hungrigen Wanderratten. Und das schloß einen Ring um das Gefährt, einen gierigen angriffslustigen Ring. Und da war es zu spät zur Umkehr und zu spät zur Flucht. Die scheußliche Flut brandete um die Hufe und Fesseln der Pferde, die in sinnloser Angst das zuschnappende Gebrodel zerstampften und sich wehrten in Grauen und Todesfurcht. Und schon sprangen die grauen Wellen auch am Wagen empor, mit kleinen hellen Hungerschreien, und spritzten über das Knieleder hoch und meinen Vater an, sie schnappten nach seinen Händen, von denen er die ersten Angreifer wild um sich schlagend abschüttelte, während sie vorn schon festverbissen wie graue Trauben an den Bäuchen der furchterstarrten Pferde hingen.

Und da riß er die Lederdecke zurück, packte das keuchende, kleine Menschenbündel, das darunter lag, mit einer Hand und sprang, sein blankes Taschenmesser in der Hand, über den Knieschlag des Kutschbockes hinaus auf die Kruppe des rechten Zugpferdes und von dort weiter in den Sattel der Rappstute und zerfetzte mit raschen Schnitten das Lederzeug, überließ die beiden Zugpferde ihrem Schicksal und drückte dem Reittier die Absätze in die Flanken – fest entschlossen, mit dem Messer, falls der Durchbruch mißlingen sollte, eher seinem und des kleinen Felix Leben ein rasches Ende zu bereiten, als lebendigen Leibes diesem ekelhaften Tod zu verfallen.

Er kam durch und erreichte mit dem Kind im Arm die Stadt und den Arzt, rechtzeitig genug, um meinem Bruder durch einen Luftröhrenschnitt das Leben retten zu lassen. Die Gerippe der Schecken wurden am nächsten Tage neben der Straße gefunden, ihre Gerippe, zernagte Lederdecken und angefressenes Zaumzeug. Die Leute brachten es uns auf den Hof. Ja, so ist es damals gewesen. Die Ratten hatten die Memelniederung verlassen wie ein sinkendes Schiff. Für uns alle kam der Hunger, und als im nächsten Frühjahr die Kurenkähne durch das offene Haff endlich Brotgetreide und Kartoffeln bringen konnten, war es für viele Menschen zu spät.

Erlkönig im Memelland – das war Großmutters Geschichte, der ich immer wieder mit heißem Gesicht und einem Gefühl der rieselnden Kälte im Rücken lauschte. Mein Großvater Heinrich Schenk saß dabei auf dem Sofa, langte sich aus dem Ständer eine neue lange Pfeife, von denen er immer sechs gestopft auf Vorrat hielt und murmelte: »Jawoll, Clärchen, es gibt nichts Schöneres auf der Welt als die Erinnerung an solche Hungerjahre, und dann ein Frühstück mit Leberwurst und einem pikanten Tilsiter auf dem Tisch.«

1874, bald nach dem siebziger Krieg, haben die beiden geheiratet. Die Eltern meines Vaters habe ich nicht mehr kennengelernt, sie starben lange vor meiner Geburt in den neunziger Jahren des vorigen Jahrhunderts. Der Vater meiner Mutter war ein ungeschlachter Riese von zwei Metern und sechs Zentimetern. Großmutter dagegen ein Filigranpüppchen, das ihm gerade bis zur Schulter reichte, wenn er saß und sie neben ihm stand. Ich besitze noch das Hochzeitsbild von den beiden alten, damals, als es aufgenommen wurde, sehr jungen Leuten. Dabei war Großvater von seinen Geschwistern der kleinste. Seine Brüder Otto und Eduard überragten ihn weit, und leider auch seine Schwester Mathilde, denn einen Mann, der zu ihrer Größe paßte, konnten ihre Brüder trotz angestrengter Bemühungen in der ganzen Provinz nicht auftreiben. Dazu war sie im Gegensatz zu ihren fülligen Brüdern noch überschlank, was sie noch größer erscheinen ließ als sie ohnehin war. Sie waren alle in Insterburg aufgewachsen, und dort kannte sie jedermann. In Darkehmen, wo Tante Mathilde eines Tages eine verheiratete Schulfreundin besuchen wollte, erkundigte sie sich bei einem Gärtner, der gerade Radieschen zog, nach dem Weg zu dem Haus ihrer Freundin. Sie stand dabei hinter einem hohen, dichten Bretterzaun. Der Gärtner blickte kurz auf und rief ihr zu: »Da reiten Sie noch hundert Schritt weiter, Fräulein, und dann ein Stück links ab!« – Immerhin hatte sie Humor genug, von diesem Erlebnis zu berichten, und das spricht dafür, daß sie mit ihrem Schicksal recht gut fertig geworden ist.

Natürlich leistete Großvater seinen Militärdienst, bei seiner Länge fast zwangsläufig, in Berlin beim Ersten Garde-Grenadierregiment-zu-Fuß ab und war dort, was ihn noch im Alter wurmte, nicht einmal Flügelmann. Da standen zwei noch längere Kerle vor ihm. Den siebziger Krieg machte er als Aktiver mit, rettete bei Mars-la-Tour seinen verwundeten Hauptmann aus dem Feuer, wurde dabei selber durchs Bein geschossen und später mit dem Eisernen Kreuz ausgezeichnet, was damals bei Gefreiten gewiß nicht allzu häufig geschah. Bald darauf wurde er zum Unteroffizier befördert und nach seiner Entlassung, was eigentlich nur langdienenden Soldaten vorbehalten war, als

Militäranwärter für eine Beamtenlaufbahn im mittleren Dienst empfohlen. Er brachte es darin bis zum Rechnungsrat und zum roten Adlerorden vierter Güte. Als er heiratete, war er Supernumerar beim Amtsgericht zu Tilsit, und da Supernumerar meiner Kenntnis nach einen Überzähligen bedeutet, möchte ich annehmen, daß sein Gehalt, wenn er überhaupt eins bekam, nicht zum Leben und nicht zum Sterben langte. Die lebensnotwendigen Einkünfte bezog er aus dem Kopieren von Akten, einer Tätigkeit, für die er einen Pfennig pro Zeile bezog. Davon blieb ihm wohl eine Eigentümlichkeit bis an sein Lebensende. Im Schlaf oder wenn er sich unbeobachtet glaubte, zitterte seine Hand in Schreibbewegungen über imaginäre Oktavbögen.

Was nun die Geschichte oder vielmehr Vorgeschichte ihrer Hochzeit betrifft, so weist sie fraglos pikante Züge auf. Großmutter hatte mit ihren Geschwistern einen Schulweg von etwa einer Meile zurückzulegen, im Sommer zu Fuß, im Winter bei hohem Schnee fuhr ein Knecht die Kinder mit dem Schlitten zur Schule und holte sie mittags von dort ab. Mit von der Partie waren die Kinder eines Nachbarn, des Viehhändlers Supplieth, der nebenbei eine kleine Gastwirtschaft betrieb. Großmutter und Eva Supplieth standen im gleichen Alter und waren und blieben bis in ihre Witwenschaft innig befreundet. Sie hatten, als sie im gleichen Jahr 1917 ihre Männer verloren, sogar die Absicht, eine gemeinsame Wohnung zu beziehen, aber aus dem Plan wurde nichts, weil die geborene Supplieth ihrem Mann nach wenigen Monaten in den Tod nachfolgte. Eva Supplieth heiratete mit siebzehn Jahren einen Ziegeleibesitzer namens Kallweit, der seine Ziegelei in der Piktupöner Gegend betrieb. Sie machte das, was man damals ›eine gute Partie‹ nannte. Er war zehn Jahre älter als sie, Reserveoffizier und Vorstand memelländischer Krieger- und Veteranenvereine. Großmutter machte die Hochzeit als Brautjungfer mit, und Großvater, noch im ziemlich frischen Glanz seiner Heldentaten und des Eisernen Kreuzes im Vorstand seines Kriegervereins tätig, wurde vom Bräutigam zur Hochzeit geladen. Zur Überraschung aller ihrer Freunde und Bekannten heirateten sie vier Monate nach der Kallweitschen Hochzeit, und am meisten überrascht waren sie wohl selber, denn als sie nach der kirchlichen Trauung von Eva Supplieth mit Herrn Kallweit in ihren Kaleschen vor dem stattlichen, eigentlich schon herrschaftlichen Hause des Ziegeleibesitzers Kallweit vorfuhren, wo die Hochzeitsfeier stattfand – denn das Elternhaus von Eva Supplieth war zu klein, als daß man dort eine Feier für weit mehr als hundert Gäste hätte ausrichten können – da hatten sie noch keine Ahnung davon, daß ihr eigenes Aufgebot sozusagen schon vor dem Kirchenportal hing. Natürlich kannten sie einander, denn wen kannte man in jener ländlichen Gegend nicht, aber genauso wie Großmutter es bis zu diesem Tage und bis zu einer gewissen, äußerst peinlichen Situation entrüstet abgelehnt hätte, würde jemand den Gedanken ausgesprochen haben, sie könne sich mit diesem ›ungeschlachten Goliath‹ ehelich verbinden, so hätte auch Großvater bis zu eben jener gewissen Minute nicht im Traum daran gedacht, sich ausgerechnet solch ein Filigranfigürchen als Frau auszusuchen. Denn so wie sein Geschmack beim Essen auf das Kompakte ausgerichtet war, hatte er sich auch unter seiner zukünftigen Frau immer etwas Üppigeres vorgestellt, was auch in der Größe besser zu ihm paßte. Aber wie es eben geht,

Ehen werden nicht nur im Himmel und nach eigenen Vorstellungen geschlossen, sondern auch anderenorts, und manchmal sogar an sehr seltsamen und höchst unpassenden Orten ...

Im Kallweitschen Hause jedenfalls, einem weiträumigen, ehemaligen Herrenhaus eines Gutshofes, den der Vater des Hochzeiters bei einer Subhastation vor langen Jahren ersteigert hatte, wurde eine fröhliche und sehr feuchte Hochzeit gefeiert, bei der es zuerst die bei solchen Gelegenheiten üblichen Schleie in Dill, und dann in einer langen Speisenfolge gebratenes Geflügel aller Sorten, Spanferkel, Wild, Schweinebraten und gespickten Kalbsrücken in einer dicken Rahmsoße gab. Und es gab Erdbeeren mit Schlagsahne und es gab sogar eine riesige Eisbombe, deren Zubereitung in jenen Jahren gewiß schwieriger war als heutzutage, wo Eisschrank und Tiefkühltruhe sozusagen zur Standardausrüstung jeder Küche gehören. Sie aßen also und tranken auch, was nur in sie hineingehen wollte. Die Begriffe Kalorien und Herzinfarkt existierten noch nicht. Um zwölf Uhr wurden die Schleie aufgetragen, und um drei war man beim Rehrücken angelangt, aber dann folgten noch immer einige Gänge. Kurz vor dem Rehrücken gab es einen kleinen, vielbelachten und glückverheißenden Zwischenfall mit einer Menge Scherben. Des Bräutigams Onkel Bernhard, ein Brennereibesitzer und Schnapsfabrikant, dessen Bärenfang bis nach Königsberg und Allenstein geliefert wurde, klopfte an sein Glas, um auf das junge Paar einen Trinkspruch auszubringen. Zum Glück bemerkte Tante Ottilie, seine Gattin, rechtzeitig, daß an seiner Kleidung etwas nicht ganz in Ordnung war. Sie ersuchte ihn flüsternd, den Hosenschlitz um Himmels willen zuzuknöpfen, und er tat es unterm Tisch, bevor er sich erhob, um das Brautpaar hochleben zu lassen. Aber als er dann zum Anstoßen zu den jungen Leuten hinüberging, riß er das Tischtuch mit allen Gläsern, Tellern und Schüsseln mit sich. Er hatte sich nämlich eine der langen Fransen des Tafeltuches mit eingeknöpft. Es gab eine Menge Scherben.

Wenn man heute solch eine Dinerkarte aus jenen vergangenen Tagen liest, dann erstaunt einen nichts mehr als die Tatsache, daß die Menschen diese Freßorgien heil überstanden haben, von den genossenen Flüssigkeiten ganz zu schweigen. Um so unverständlicher aber ist es, daß gewisse Örtlichkeiten, die heute im schlichtesten Einfamilienhaus strahlend appetitlich und so komfortabel ausgestattet sind, daß man oft den Eindruck gewinnt, das übrige Haus sei nur aus purem Zufall um Klo und Bad herumgebaut worden, sich zu jener Zeit, zumal auf dem Lande, oft genug außerhalb des Hauses befanden oder, wenn es sie innerhalb der Mauern gab, nicht nur jeden Komfort, sondern zumeist auch Luft und Licht in höchst bedauerlicher Weise vermissen ließen. Im Kallweitschen Hause zum Beispiel, in dem es einen richtigen Festsaal und wenigstens ein Dutzend geräumiger Zimmer gab, befand sich die einzige Örtlichkeit dieser Art im Erdgeschoß. Sie bestand aus einem dunklen, schlauchartig gestreckten Gemach, das genauso breit oder so schmal wie die dazu führende Tür war, und die bewußte Gelegenheit, ein grobes Brett mit einem eiförmigen Loch, befand sich unterhalb eines winzigen, schießschartenähnlichen Fensterchens am äußersten Ende. Zumeist verhüllte zudem dichter Tabaksqualm aus den Zigarren oder Pfeifen der Herren jegliche Sicht. Aus gewissen Gründen mußten, wenn sich fremde

Damen im Hause aufhielten, zwei tuchbespannte Rahmen vor die Tür gestellt werden. Denn da die Damen zu jener Zeit Krinolinen trugen, war es ihnen nicht möglich, die einzig zweckmäßigen Manipulationen zur Erleichterung ihrer Körpernöte in dem schmalen Gelaß hinter der Tür vorzunehmen. Sie mußten vielmehr die Tür öffnen, die Krinoline schon draußen zwischen den Paravents über den Kopf schlagen und sich, die Fischbeinreifen ihrer weiten Röcke hoch über der kunstvollen Frisur mit den vielen Löckchen zusammenpressend, dem Ziel ihrer Wünsche rückwärts trippelnd nähern.

So auch Großmutter...

Kein Mensch hat damals einen entsetzten Aufschrei gehört. Was in Rauch und Dämmerung geschah, ist völlig lautlos vor sich gegangen. Großvater, der die Stellung besetzt hielt, verschlug es vor Erstaunen Atem und Sprache, und Großmutter verstummte fraglos vor Entsetzen, als sie so gänzlich unerwartet auf dem Schoß eines fremden Herrn Platz nahm. In Ohnmacht ist sie sicherlich nicht gefallen, denn das lag nicht in ihrer resoluten Art. Und um es auch aus Großvaters Perspektive zu berichten: im Augenblick dieser wahrhaft merkwürdigen und schicksalsschwangeren Begegnung wußte Großvater natürlich nicht, wer sich ihm näherte, denn er genoß ja nur den gewiß reizvollen Anblick eines rückwärtigen Teilstückes der sich ihm nähernden Dame, während sie genauso wenig wußte, auf wessen warmen Knien sie sich niederließ.

Wenn diese Geschichte daheim zu vorgerückter Stunde und bei vorgerückter Stimmung im engen Familienkreis immer wieder einmal aufgetischt wurde, dann geschah es hauptsächlich, um zu der Lösung der brennenden Frage zu kommen: Was tut ein feiner Mann in solch einem gewiß ungewöhnlichen Fall? – Was also hat Großvater, der sicherlich ein wohlerzogener junger Mann war, in dieser für ihn doch recht peinlichen Situation getan? Hat er sich höflich vorgestellt? Atem- und sprachlos wie er war? – Mein Vater behauptete immer, er hätte nur seinen Stiefel vorgestreckt, und an seiner Schuhnummer – 52! – hätte Großmutter sofort erkannt, mit wem sie es zu tun hatte. Aber das ist eine Hypothese, und nicht einmal eine besonders gute. Was hätte ich an seiner Stelle getan? Ich weiß es wirklich nicht. Und wie die Geschichte überhaupt herausgekommen ist, das weiß bis zum heutigen Tage kein Mensch. Großmutter selber hätte sich eher die Zunge abgebissen, als daß sie selbst ihrer intimsten Freundin gegenüber auch nur eine Andeutung gemacht hätte. Und daß Großvater etwa unter dem Einfluß einer Flasche Rum geplaudert hätte, ist ebenso undenkbar. Erstens einmal vertrug er bedeutend mehr als eine lumpige Flasche, und zweitens wurde er um so schweigsamer und in sich gekehrter, je mehr er einnahm. Es liegt wohl im Wesen solcher Geschichten, daß sie von einem Vöglein im Kamin ausgeplaudert werden.

Aber sei es, wie es wolle, Tatsache bleibt, daß die beiden vier Monate nach der Kallweitschen Hochzeit heirateten, ohne lange Verlobungs- und Brautzeit, daß meine Mutter ein Jahr nach der Hochzeit zur Welt kam, und daß ihrer langen und glücklichen Ehe ein Dutzend Kinder entsprossen. Zweimal waren es Zwillinge und einmal sogar Drillinge. Und Großvater sagte jedesmal, wenn er im Nebenzimmer hinter dem Grogglas bangend auf die Nachrichten der Hebamme wartete: »Erbarmen Sie sich, Frau Schiborr, und machen Sie es nicht so spannend! Wie viele sind es denn diesmal?«

Ich habe die beiden alten Leute noch gut gekannt und innig geliebt und habe vor dem Ersten Weltkrieg fast alle Sommerferien bei ihnen verbracht. Und ich habe mich als Junge fürchterlich für sie geschämt, weil sie – in meinen Augen uralte Leute – noch immer zärtlich wie die Turteltauben zueinander waren. Sie nannte ihn Bärchen, und er sagte Krümelchen zu ihr, in aller Öffentlichkeit und vor allen Leuten. Aber bei aller Liebe füreinander sind sie, was sie gewiß immer gern getan hätten, nur ein einziges Mal im Leben Arm in Arm gegangen, als er sie durch die Kirche zum Altar führte – und das muß ziemlich komisch ausgesehen haben, als ob er über der Hüfte im rechten Winkel abgeknickt worden sei.

Erst sehr viel später erfuhr ich, weshalb Großmutter ihren Heinrich in so jungen Jahren nahm, denn direkt ehezwingend kann man ja ihre erste Begegnung nicht nennen. Als Supernumerar war er weiß Gott alles andere als eine gute Partie oder jemand, von dessen Zukunft sie Großes hätte erwarten können. Als sie zwölf Jahre alt war, verlor sie ihre Mutter. In den Kirchenbüchern stand, daß sie an ›innerer Hitze‹ gestorben sei. Den Symptomen nach zu urteilen wird es ein durchgebrochener Blinddarm gewesen sein, der ihr in jungen Jahren den Tod brachte. Mein Urgroßvater, eben jener mit dem Ratten-Abenteuer, nahm sich, schon seiner sechs unmündigen Kinder wegen, eine Haushälterin, die ein ziemlich strenges Regiment führte und den Kindern wenig Liebe entgegenbrachte. Eines Tages nun kam der Urgroßvater von der Entenjagd total durchnäßt nach Hause, bekam am nächsten Tag hohes Fieber mit allen Anzeichen einer heftigen

Lungenentzündung, die der herbeigerufene Arzt als ›galoppierende Schwindsucht‹ diagnostizierte. Er lag also auf dem Sterbebett, und in dieser Situation muß es der geborenen Kissuth gelungen sein, ihn zu einer Not- und Schnell-Trauung zu überreden, damit sie nicht gänzlich unversorgt zurückbliebe. Ob er es nun ihrer Pflege oder seiner kernigen Natur zu verdanken hatte, drei Wochen nach der Trauung erhob er sich von seinem Sterbelager und überlebte die zweite Frau noch um zehn Jahre. Ich besitze ein Foto von ihnen, das bald nach seiner Gesundung aufgenommen worden ist. Er sitzt auf einem Rohrsessel, stützt sich auf einen Stock mit einer langen Hornkrücke und sieht noch ziemlich spitz aus. Von der unbändigen Kraft seiner früheren Jahre ist nicht viel zu spüren. Die geborene Kissuth steht neben ihm, eine grobknochige, hochgewachsene Frau mit scharfen Gesichtszügen. Sie trägt ein Kapotthütchen und ein schwarzes, weitgebauschtes Atlaskleid und als Zeichen ihrer neuen Macht und Würde einen großen Schlüsselbund am Gürtel. Man kann es verstehen, daß Großmutter ihren Heinrich dem Zusammenleben mit dieser kalten und herrschsüchtigen Frau vorzog – bei der auch der Urgroßvater keine guten Tage erlebte –, auch wenn sie damit von einem harten Lager zu einem Dornenbett kam, denn lange Jahre war bei ihnen, wohl auch deshalb, weil die Kinder in rascher Folge kamen, Frau Sorge ständiger Gast im Haus. Meine Mutter als Älteste wußte sich gut daran zu erinnern und behauptete bis ins Alter, daß sie ihre Hühneraugen und empfindlichen Füße dem Umstand zu verdanken habe, daß sie die groben Rindlederschuhe, von denen der Schuhmacher ihr höchstens im Abstand von drei Jahren ein Paar verpaßte, solange tragen mußte, bis ihre Füße

die Form jener verkrüppelten Lilien angenommen hatten, die man in China seinerzeit als Merkmal besonderer Frauenschönheit schätzte. Und dann wurden die Schuhe von den jüngeren Geschwistern noch weitergetragen.
Nein, es ging ihnen gar nicht gut. Erst, als Großvater zum Gerichtsvollzieher eingesetzt wurde, glaubten sie, aus dem Ärgsten heraus zu sein. Aber es kam noch schlimmer. Großvater, der Goliath an Gestalt, war inwendig weich wie Butter. Orgelklänge oder der Männergesangverein mit »Wer hat dich, du schöner Wald« rührten ihn zu Tränen. Mutter begleitete ihn eines Tages zur Bestattung eines Kollegenkindes, das drei Tage nach der Geburt gestorben war, auf den Friedhof. Die Kindsmutter lag noch im Wochenbett, und es waren keine sechs Leute, die dem kleinen Sarg als Trauergäste folgten. Und niemand vergoß eine Träne. Nur Großvater schluchzte wie ein Schloßhund, bis meine Mutter ihm den Ellenbogen in die Rippen stieß und ihm ins Ohr zischte: »Nun reiß dich schon zusammen, Heinrich! Oder ist es am Ende dein Kind, das hier beerdigt wird?!«
Und nicht weniger als der Tod rührte ihn das Elend der Menschen. Als Gerichtsvollzieher war er völlig fehl am Platze. Und so kam es, daß er eines Tages von einem gerissenen Halunken, dem er das Mobiliar pfänden sollte, mit einer rührseligen Geschichte dazu überredet wurde, statt der Pfändung eine Bürgschaft zu übernehmen. Er, der sich inzwischen für seinen Beruf, der ihn oft über Land führte, Pferd und Wagen angeschafft hatte, mußte beides verkaufen und hatte an der Bürgschaft noch lange Jahre zu knacken.
Als ich zur Welt kam, lebten meine Eltern in Lyck. An das Haus, in dem ich die ersten Lebensjahre verbrach-

te, habe ich nur undeutliche Erinnerungen. An den Hofplatz schlossen sich Gärten mit Obstbäumen und Gemüsebeeten an, und es gab große Sandkästen, in denen ich mit meinen Altersgenossen spielte. Eines Tages bekamen meine Spielgefährten allesamt den Keuchhusten und spuckten den Sand voll, in dem wir mit Blechformen Kuchen backten und unsere Backerzeugnisse natürlich auch probierten. Der Sand ist mir ausgezeichnet bekommen, denn ich blieb als einziger vom Keuchhusten verschont. Später übersiedelten wir in die Bahnhofstraße, und an diesen Umzug und an die neue Wohnung erinnere ich mich mit größter Deutlichkeit. Die Bahnhofstraße lief schnurgerade zu dem großen Lycker Marktplatz. Sie war auf einer Seite mit Linden bepflanzt. Mit ihrem Namen teilte sie das Schicksal vieler Straßen, denn nach der Schlacht von Tannenberg wurde sie in Hindenburgstraße umbenannt, später hieß sie Göring-Allee, und heute trägt sie als Folge dieser letzten Umbenennung einen polnischen Namen – wenn sie als Straße überhaupt noch existiert.
Das Bild der Stadt, in der ich die frühen Kinderjahre verbrachte, setzt sich in meinem Gedächtnis wohl mehr aus Erinnerungen an spätere Besuche zusammen; die frühen beschränken sich auf das Stück der Straße, das man vom Fenster aus überblickte, und auf den Hofplatz hinter dem Haus, auf dem wir spielten. Der Große Meyer von 1900 berichtet in dürren Worten: Lyck, Kreisstadt am gleichnamigen See und Fluß, Bahnknotenpunkt, Hauptstadt des Masurenlandes, hat eine gotische evangelische und eine katholische Kirche, eine Synagoge, ein altes Ordensschloß (auf einer Insel im See 1273 erbaut) Denkmal des Generals v. Günther, Gymnasium, Lehrerseminar, Landge-

richt, versch. Fabriken und mit der Garnison (ein Infanterieregiment Nr. 147 und ein Dragonerregiment Nr. 11) 11 386 Einwohner, davon 534 Katholiken und 189 Juden. Lyck wurde 1435 gegründet.

Über die interessantesten Dinge verliert das Lexikon kein Wort: daß in der Stadt ein Invalide lebte, der beim Sturm auf die Düppeler Schanzen beide Beine verloren hatte und sich in einem niedrigen Wägelchen eigener Konstruktion von einem Bernhardiner durch die Straßen ziehen ließ, während ein riesiger, zahmer Kranich neben dem Wagen gravitätisch einherstolzierte und für seinen Herrn Zigarrenstummel sammelte. Vor allen dreien hatte ich einen mächtigen Respekt, und die Drohung, die drei herbeizuholen, machte mich im größten Gebrüll augenblicks stumm und folgsam. Und das Lexikon schweigt auch darüber, daß in einer halbverfallenen Kate am Stadtrand zum Fluß hin ein Mörder hauste, der seine Frau mit einem glühenden Feuerhaken erschlagen hatte und vom Kaiser nach dreißigjähriger Haft begnadigt worden war. Nach Einbruch der Dunkelheit schlichen Dienstmädchen und ältere Gymnasiasten zu ihm in seine düstere Behausung und ließen sich gegen ein Honorar von Zigarren und Schnaps den Hergang der schrecklichen Bluttat genau schildern. Und jedesmal geriet der Mörder zum Schluß in solch eine Erregung, daß er nach dem im Herd glühenden Mordinstrument griff und auf seine Zuhörer losging, so daß sie schreiend davonstoben. Am nächsten Tag lauschte ich dann mit gesträubtem Haar dem detaillierten Bericht, den mir Anna von solch einem nächtlichen Besuch bei unserem Mörder gab.

Aber auch mit den im Großen Meyer erwähnten Dragonern hatte es eine besondere Bewandtnis. Bald nach unserm Einzug in die neue Wohnung kamen an Stelle der elften Dragoner vier Escadrons Ulanen vom zwölften Regiment aus Insterburg nach Lyck. Sie verdankten ihre Verlegung einem Skandal, der in der Kaiserzeit ungeheuren Staub aufwirbelte. Ein adliger Rittmeister dieser zwölften Ulanen war, während er mit seiner Schwadron auf dem Kasernengelände exerzierte, von einem Dachbodenfenster der Kaserne aus mit einem Karabinerschuß getötet worden. Ob aus Rache von einem Untergebenen oder aus Eifersucht von einem seiner Offizierskameraden ist nie geklärt worden, denn der Schütze blieb unentdeckt; nur der Name ›Mordulanen‹ blieb an der Escadron hängen, und wenn meine Schwestern zu einem Offiziersball in das Kasino geladen wurden, zog mein Vater ein Gesicht, als wittere er neues Unheil. Aber weder den Damen noch den Offizieren geschah fürderhin das Mißgeschick, aus dem Hinterhalt ermordet zu werden. Die Offiziere und den Leutnant v. Maue, den flotten Tänzer meiner Schwester Else, erwartete der Soldatentod erst einige Jahre später bei Tannenberg, in der Masurenschlacht und in den Rokitnowsümpfen.

Welchen Glückstreffer ich mit dem Umzug in die neue Wohnung landete, konnte ich beim Einzug nicht ahnen. Wir zogen in ein Haus, das dem Konditor Strauß gehörte. Seine Konditorei mit einem glasgedeckten Vorplatz zur Straße hin lag unter unserer Wohnung, und da die Eheleute Strauß kinderlos waren und sich nichts sehnlicher wünschten als einen Sohn und Nachfolger, verwöhnten sie mich nach Strich und Faden. Sie machten meinen Eltern allen Ernstes den Vorschlag, mich zu adoptieren. Ich durfte in jede Bonbonbüchse langen, sie fütterten mich mit

Petits fours und Sahne-Baisers, sie stopften mich mit Nougat und Schokolade voll, und da ich meine arme Mutter mit meinem Geburtsgewicht von fast zwölf Pfund beinahe ums Leben gebracht hätte, ist nicht schwer zu erraten, daß ich bald die Formen eines barocken Posaunenengels annahm. Mutter mußte mit den Straußens ernsthafte Worte reden, mich nicht wie eine Gans zu mästen, und meinem Vater Zornesausbrüche und mir Tränen zu ersparen, denn Vater bestand darauf, daß das, was bei Tisch auf den Teller kam, auch bis zum letzten Bröckchen aufgegessen wurde, und natürlich stocherte ich, von Süßigkeiten gesättigt, im Teller herum, daß ihm die rote Zornader auf der Stirn bedrohlich anschwoll. Er war ein geduldiger Mann, viel geduldiger, als ich es je gewesen bin; er hatte eine eigene Art, einen über den Brillenrand hinweg anzusehen und zu murmeln: Der Krug geht solange zum Brunnen, bis er bricht. Gewöhnlich brach er dann bei nichtigen Anlässen und es gab eine Menge Scherben.

Vater hatte in erster Ehe die Tochter eines wohlhabenden Kaufmanns und Realitätenbesitzers aus Alt-Ukta geheiratet, der früh starb und seinen Töchtern ein ansehnliches Vermögen hinterließ. Der ersten Ehe meines Vaters entsprossen drei Kinder. Als ich zur Welt kam, waren meine Halbschwestern den Kinderschuhen bereits entwachsen, und mein Bruder Ernst stand kurz vor dem Abitur. Ich habe Vater über seine erste Ehe nie ein Wort verlieren hören. Er scheint es mit der sehr jungen und eigenwilligen Frau nicht ganz leicht gehabt zu haben. Sie starb jung, und er blieb fünf Jahre lang Witwer, ehe er sich zu einer neuen Ehe entschloß. Aber wenn seine erste Frau ihrer Schwester Marie ähnelte, die manchmal von Alt-Ukta herüber-

kam, um die Kinder ihrer Schwester zu beschenken, dann kann ich mir die Schwierigkeiten vorstellen, die Vater mit ihr gehabt hat. Diese Tante Marie war eine übernervöse, ständig zwinkernde Frau mit fahrigen Gebärden, einer schrillen Stimme und von einer ewigen Unrast erfüllt. Vater meinte, sie habe Ameisen im Hintern, eine Vorstellung, die meine Phantasie lebhaft bewegte. Sie war ständig unterwegs, und eines Tages erschien sie bei uns, verkündete, daß sie nach Italien fahren und meine Schwester Lotte in das Land der Orangen und Zitronen als Reisebegleiterin mitnehmen wolle. Es war einer ihrer spontanen Beschlüsse, mit denen sie sich und ihre Umgebung überraschte. Ein Koffer wurde also in Windeseile gepackt, und noch am gleichen Abend reisten die beiden gen Süden ab. Es war eine sehr kurze Reise, denn noch bevor Lottes bunte Karte aus Lugano eintraf, daß sie die Reise gut überstanden und am Lago Maggiore in einem schönen Hotel abgestiegen seien, kamen sie schon wieder zurück. Was man aus dem sprudelnden Mund von Tante Marie erfuhr, waren empörte Aufschreie: »Nein! dieses schreckliche Olivenöl! Nie wieder Italien!« und: »Keine Butter! Nichts als Spaghetti! Bin ich eine Mastgans?!« und das Allerschlimmste: »Diese Schlaflosigkeit! Nacht für Nacht und bis in den frühen Morgen hinein – die Nachtigallen brüllten förmlich!!« – Die brüllenden Nachtigallen wurden in der Familie zum geflügelten Wort. Aber wie es so geht, einige Jahre später sollte ich selber die Bekanntschaft der brüllenden Nachtigallen machen.
Ich studierte im zweiten Semester Germanistik und Geschichte und hatte Vater in mühevoller Geduldarbeit weich gekocht, mich ein oder zwei Semester an der Wiener Albertina die Vorlesungen von Dopsch

und Jellinek hören zu lassen. Um ehrlich zu sein, zogen mich weniger die Namen der berühmten Professoren als vielmehr der Ruf der süßen Wiener Mädchen an die Donau, von denen man in Wort und Lied bis nach Ostpreußen hinauf so viel Gutes vernahm. Vater gab mir hundertfünfzig Mark auf die Reise mit und schickte mir später monatlich hundertzwanzig Emmchen, die für die Zimmermiete bei Fräulein Jöröschy in der Lerchenfelderstraße Nr. 7, fürs Brot und für die Butter und auch für die Schoppen in Grinzing und Hernals langen sollten. Sie langten vorn und hinten nicht, und am wenigsten für meine Theaterbesessenheit; wenn auch der Galerieplatz in der Burg nur eineinhalb Schilling, nach deutschem Geld fünfundsiebzig Pfennige kostete, so war ich mit meinen Moneten jedesmal zur Monatsmitte am Ende. Deshalb schrieb ich für den liebenswürdigen Dr. Goldstein, der die Feuilleton-Redaktion der Hartungschen Zeitung leitete, ›Wiener Briefe‹ und Kurzgeschichten, die er nicht nur annahm, sondern sogar honorierte, und ich gab, was weit lukrativer war, zwei amerikanischen Studentinnen, die sich mit der deutschen Sprache herumplagten, deutschen Sprachunterricht. Und sie zahlten dafür einen Dollar pro Stunde. Ein fürstlicher Lohn! Dafür lernten sie von mir ein prima Ostpreußisch mit ganz weiiichen Eiiis und hart rollenden Rrrrrs, die ich nie im Leben abgelegt habe. Und eine von ihnen, Mabel, lernte diese schönen gedehnten Vokale und harten Konsonanten besonders gut, denn wir entbrannten in heißer Liebe zueinander. Von da an nahm ich den Dollar natürlich nur noch von ihrer bedeutend weniger hübschen Kollegin Violet. Mabel studierte zum reinen Spaßvergnügen. Sie entstammte einem gutbetuchten Haus, der Vater besaß in Cleveland eine Fabrik für landwirtschaftliche Maschinen. Als wir den Plan faßten, unsere Liebe an einem Ort, der für Liebespaare sozusagen heiliger Boden ist, zum Gipfel zu führen, war ich ihr nicht böse, daß sie statt der von mir vorgeschlagenen Reise per Fahrrad sich doch lieber für die weitaus bequemere Eisenbahnfahrt nach Verona entschied, zumal sie sich freudig bereit fand, für den Hauptteil der Reisekosten aufzukommen. Es sollte zugleich unser Abschied für immer sein, denn das Semester war zu Ende, und Mabel wurde daheim in Cleveland zurück erwartet. Sie hatte ihre Schiffspassage von Genua bereits gebucht.

Wir verließen also Wien, wohin ich im Wintersemester zurückzukehren hoffte, und fuhren nach Verona, und die Stadt an der Etsch schlug uns sogleich in ihren Zauberbann. In der Nähe des Arco dei Leoni fanden wir ein kleines Hotel, in dem wir ein Zimmer nahmen und unsere Koffer abstellten. Die italienische Polizei hatte auch damals schon die angenehme Gewohnheit, Reisende nicht durch nächtliche Kontrollen zu belästigen, wenn sich dem Paß der Dame entnehmen ließ, daß sie das einundzwanzigste Lebensjahr überschritten hatte. Und Mabel war zum Glück seit drei Monaten im Besitz der Volljährigkeit. Der erste Gang führte uns zu den Stätten, an denen Romeo und Julia zueinanderfanden und dann so tragisch endeten, und von ihren Grabstätten ging es munter weiter zur Arena des Diokletian, zu der Kirche Santa Maria und zum Baptisterium San Giovanni in Fonte, zu den Mantegnas in San Zeno und zu den Veroneses in San Giorgio in Braida, es war ein volles Bildungsprogramm, das wir absolvierten, denn wir waren ja nicht nur zum reinen Vergnügen nach Verona gewallfahrt. Endlich aber führte uns der Hunger doch in unser kleines Hotel zurück, zu delikaten Brathähnchen und zu einem spritzigen Lambrusco. Und dann stiegen wir in der beschwingtesten Stimmung und mit Barcarolenmelodien im Herzen zu unserem Zimmer hinauf. Auf einem Tischchen neben dem riesigen Doppelbett in Renaissance-Schnitzarbeit – allerdings in Blech nachgeformt – stand eine große venetianische Glasschale, in der sich Äpfel, Birnen und Orangen türmten. Und, seligster aller Eindrücke, in den Büschen vor dem Fenster flöteten die Nachtigallen. Mabel vergaß alles Deutsch und stammelte amerikanische Verzükkungslaute, und ich hätte auch allen Grund dazu gehabt, Töne der Verzückung von mir zu geben, für eine allzu rasch entschwindende Stunde zum mindesten... Aber irgendwann einmal muß der Mensch ja auch schlafen, besonders nach einem so anstrengenden Tag. Wir flöteten nicht mehr, aber die Nachtigallen flöteten weiter. Sie flöteten um zwei Uhr morgens und um drei, um vier schienen sie Verstärkung aus den Nachbargärten zu erhalten, und gegen halb fünf standen wir beide am Rande eines Nervenzusammenbruchs und feuerten, leider völlig vergeblich, die Äpfel, Birnen und Orangen aus der venetianischen Schale in die Gegend, um die brüllenden Bestien zur Ruhe zu bringen. Ich besaß nicht einmal mehr Humor genug, die schluchzende Mabel mit der Geschichte von den Nachtigallen Luganos zu erheitern und zu trösten, die die Italienreise meiner Schwester Lotte so jäh beendet hatten.

Ich bin das, was man in der Geburtenfolge einer Familie einen Nachzügler nennt, und solch ein Nachzügler war auch mein Vater. So ist es nicht allzu erstaunlich, daß zwischen dem Geburtsjahr meines Großvaters und dem heutigen Tag eine Zeitspanne von mehr als 150 Jahren liegt; er wurde nämlich im Jahre 1818 geboren. Die Befreiungskriege waren durch den zweiten Pariser Frieden gerade beendet worden. Napoleon hatte auf St. Helena noch drei Lebensjahre vor sich, und erst dreizehn Jahre später vollendete Goethe den zweiten Teil des Faust. Eine erheiternde Vorstellung, mein Großvater hätte, wenn er nicht als Sohn eines Schumachers zur Arys, sondern eines Meisters dieser Zunft zu Weimar zur Welt gekommen wäre, dem Geheimrat v. Goethe ein Paar frisch besohlter Stiefel ins Haus tragen und von ihm einen halben Groschen als Botenlohn bekommen können. Leider war mein Vater im Gegensatz zur Mutter ein wenig gesprächiger Mann. So weiß ich nur, daß auch sein Vater ein großer Mensch war und wegen seiner Körperlänge genauso wie mein Großvater Schenk zu einem Berliner Regiment einberufen wurde. Eisenbahnen gab es zu jener Zeit nicht. Die Rekruten wurden in Sammelstellen zusammengefaßt und von Königsberg, Allenstein oder Elbing nach Berlin in Marsch gesetzt. Der Mann bekam pro Tag ein Kommißbrot, ein Stück Speck und ein Nösel Branntwein. Dieses Hohlmaß faßte mit kleinen Landesunterschieden 0,4 Liter. Und Brot, Speck und ein ›Nösel‹ Schnaps blieben bis zu seinem Lebensende die wichtigsten Nahrungsmittel, die der Großvater zu sich nahm. Daß er dabei siebenundsiebzig Jahre alt wurde, ist ein wahres Wunder. Allerdings litt er in seinen letzten Lebensjahren an einer Gicht, die ihn so zusammenkrümmte, daß er, wie mein Vater erzählte, nach seinem Tode in einem Kindersarg Platz gefunden hätte. Daheim führte er ein strenges Regiment. Den Kindern gestattete er bis zum sechsten Lebensjahr das vertrauliche Du, dann mußten sie Herr Vater und Sie zu ihm sagen, auf masurisch, denn deutsch wurde nur in der Schule gesprochen.

Was jene Tage, in denen mein Vater seine Kindheit verlebte, so unendlich fern erscheinen läßt, als läge nicht ein Jahrhundert, sondern ein ganzes Zeitalter dazwischen, sind die äußeren Lebensumstände. Vielleicht gab es damals in Hamburg oder Berlin schon in den vornehmen Bürgerhäusern Petroleumlampen. Die erste brauchbare wurde von dem Amerikaner Silliman 1855 konstruiert. Im Hause meines Großvaters brannte man Unschlittkerzen, und man ging mit ihnen sehr sparsam um. Die Herstellung dieser Kerzen aus Hammel- oder Rindertalg oblag den Frauen. Und aus dem gleichen Material kochten sie ihre Waschseife. Das Verlöschen des Herdfeuers bedeutete eine kleine Katastrophe, denn das Entfachen des Feuers mit Stein, Stahl und Zunder erforderte Geschick und wurde harte Arbeit, wenn der Feuerschwamm feucht geworden war. Das Wasser für den täglichen Bedarf holte man vom Marktbrunnen oder aus dem See, und zum Lokus lief man bei Sonne, Regen, Wind, Kälte und Schneesturm zu einer entfernten Ecke des Hofes. Bei Tag und bei Nacht...

Solange sich die Geschichte meiner Familie zurückverfolgen läßt – und Vater brachte, als man einen Ahnennachweis vorweisen mußte, die Stammtafel bis auf das Jahr 1635 lückenlos zusammen – saßen alle Vorfahren als Schuhmacher oder Gerber in Arys, und sie heirateten die Töchter von Schuhmachern oder Gerbern aus der nächsten Nachbarschaft. Sie müssen ungeheuer ehrsame Leute gewesen sein, denn die Zunftbräuche waren unvorstellbar streng; das uneheliche Kind einer Tochter, ein winziger Verstoß gegen die Zunftordnung oder der Trunk aus dem Bierkrug eines unehrlichen Menschen konnten zum Verlust der Meisterwürde und damit zum Ruin führen. – Es ist wenig bekannt, daß die Söhne der preußischen Könige ein Handwerk erlernen mußten, bevor sie auf ihre eigentlichen Aufgaben vorbereitet wurden. So erlernten Wilhelm I. und auch Wilhelm II. das Buchbinderhandwerk. Daß mein Großvater von dieser lobenswerten Sitte im preußischen Königshaus gewußt hat, ist möglich, jedenfalls zwang er seine Söhne, bevor er ihnen die Wahl eines Berufes nach ihrer Neigung gestattete, das Schuhmacherhandwerk zu erlernen. Das ist uns im Ersten Weltkrieg sehr zustatten gekommen, als Vater sich auf seine alten Handwerksfertigkeiten besann, einen eisernen Dreifuß kaufte und darauf unsere Absätze richtete und die Schuhe besohlte.

Aber so weit wollte ich ja gar nicht in die Vergangenheit zurückgreifen und so weit auch nicht in die Zukunft vorausblicken. Das alte, 1273 erbaute Ordensschloß zu Lyck, das später als Gefängnis diente, lag auf einer Insel des Lyck-Sees, der von den kalten Ostwinden freigefegt, manchmal schon in den letzten Novembertagen und oft genug bis tief in den März hinein eine spiegelblanke Eisbahn abgab. Diese Eisbahn war es, auf der Vater den eleganten Bögen von Mutter bewundernd folgte, und auf sie wiederum durch seine edle Haltung im Laufen und Bogenschneiden solch einen starken Eindruck machte, daß sie ihm schließlich das Jawort in den Bart hauchte. Den wallenden, braunen Bart trug er seit seinem fünfundzwanzigsten Lebensjahr, sozusagen aus Berufsgründen, denn da sich der höchste Beamte des Reiches, der Fürst v. Bismarck, strikt weigerte, mit jungen Leuten unter sechzig zu arbeiten, machte man sich, wenn man das sechzigste Lebensjahr noch nicht erreicht hatte, eben durch Bart und Bauch künstlich älter. Mutter war, als sie Vaters Antrag annahm, ein reichlich spätes Mädchen von neunundzwanzig Jahren. Sie hatte eine längere Verlobungszeit hinter sich, aber der Bräutigam, Sohn und Erbe eines vermögenden Grundstückmaklers, war während der Verlobungszeit an der Wassersucht gestorben. Ein Mensch von heiterer Gemütsart, der, wenn ihm das Wasser aus den Beinen gezapft wurde, mit hübscher Tenorstimme »Es murmelt ein geschwätziger Quell« oder »Zwischen Berg und Tal rauscht ein Wasserfall« zu singen pflegte. Das scheint Mutter sehr gestört zu haben, aber sie konnte sich aus Pietätsgründen nicht dazu entschließen, die Verlobung vorzeitig zu lösen und wartete geduldig auf das natürliche Ende dieser Verbindung. Sie hatte ihr Examen als Lehrerin abgelegt und war als Hauslehrerin in entlegenen Oberförstereien, Gutshäusern und Schlössern des Landadels weit herumgekommen. Oft beendete sie diese Stellungen abrupt, weil die Gutsherren vergaßen, daß sie die junge Lehrerin nicht für sich, sondern für ihre Kinder engagiert hatten. Und aus einer Oberförsterei in der Kaporner Heide floh sie, nachdem auf die zum Abendessen versammelte Familie ein halbes dutzendmal durchs Fenster geschossen worden war. Bei dem letzten Abenteuer dieser Art war die über dem Tisch hängende Petroleumlampe zu Bruch gegangen, wobei Mutters Kleid Feuer fing. Das war nun wirklich zuviel des Guten.

In Lyck führte eine alte Dame, Fräulein Perner, eine Vorschule, in der Kinder in drei Klassen für den

Besuch des Gymnasiums oder Lyzeums vorbereitet wurden. Hier fand Mutter eine neue Wirkungsstätte und erwarb sich die Sympathie von Fräulein Perner in so hohem Maße, daß die alte Dame, die sich nach Ruhe sehnte, ihr die Übernahme der Privatschule mit den gar nicht unbeträchtlichen Einnahmen antrug. Hier die Schule, dort Vater mit seinen drei Kindern und dem Dackel Dittchen, es war keine leichte Entscheidung für sie, aber dann siegte doch Vaters brauner Bart. Und ich möchte sagen, daß sie diesen Entschluß nie bereut hat. Als nun Vater den Großeltern in Gehrock und Zylinder seine Aufwartung machte, um Großvater um die Hand seiner ältesten Tochter zu bitten, sah Großvater ihn mehr mitleidig als überrascht an: »So so«, brummte er, »die wollen Sie also heiraten ... Nun ja, wenn Sie durchaus wollen ... Es ist schließlich Ihre Sache. Aber eins sage ich Ihnen gleich, die hat Haare auf den Zähnen.«
Mutter, die im Nebenzimmer hinter der Tür gelauscht hatte, stürzte mit roten Flecken im Gesicht herein: »Heinrich!« schrie sie empört, »ist das alles, was du zu sagen hast?!«
»Da haben Sie es«, murmelte Großvater mit einer hilflosen Handbewegung, als verzichte er darauf, das Unglück aufzuhalten, »so ist die nun mal.« – Und dann lud Großmutter den Freier zum Kaffee und zu frischen Waffeln ein, und nach dem Kaffee tranken die Herren einen Grog, und noch einen, und noch mehrere. Großvater stellte zartfühlend fest, allzu knusprig wären sie beide nicht mehr und allzuviel Zeit hätten sie nicht zu verlieren, und so wurde der Hochzeitstermin auf das Ende des kommenden Monats festgesetzt. Es war einer der letzten Septembertage. Natürlich erschien Vater püntlich zur Trau-

ung, aber Mutter erkannte ihn nicht, und als ein fremder Herr auf sie zutrat, bekam sie das Zittern, weil sie sich nichts anderes denken konnte, als daß der Fremde als Bote mit der Nachricht komme, Vater sei nach Samarkand geritten, um dort Kamele zu kaufen. Nun, um den Altersunterschied von fünfzehn Jahren zu seiner jungen Frau ein wenig zu kaschieren, hatte Vater sich den Bart abnehmen lassen und erschien glatt rasiert und sicherlich gut gelaunt vor einer Braut, die zu seiner größten Bestürzung hemmungslos zu schluchzen begann. Man mußte sie lange beruhigen und ihr gut zusprechen, bis sie Vaters Arm nahm und sich von ihm vor den Altar führen ließ.

»Ach, weißt du, Jungchen«, sagte sie später, wenn sie auf ihren Hochzeitstag zu sprechen kam, »er hatte so ein kleines, kahles Gesicht, nichts als Brille und Nase – und sah einfach nach gar nichts aus ...«

Die Hochzeit wurde im allerengsten Familienkreise gefeiert. Tante Emilie, eine Schwester meines Vaters, die ihm während seiner Witwerschaft das Haus geführt hatte, war dabei. Und aus Königsberg erschien Onkel Benjamin, Vaters um zwanzig Jahre älterer Bruder. Er war Oberzahlmeister des Kürassierregimentes Nr. 3 und brachte ein fürstliches Geschenk mit, ein zwölfteiliges Service der Berliner Manufaktur, von dem eine Kaffeekanne zwei Weltkriege und den langen Fluchtweg der Eltern heil überstanden hat und noch in meinem Besitz ist. – Die geheime Sorge meiner Mutter, die drei Kinder, die Vater in die Ehe mitbrachte, könnten ihr reserviert oder gar feindlich begegnen, war unbegründet. Die beiden Mädchen akzeptierten die neue Mutter ohne Widerstände, und zwischen meinem Bruder Ernst und ihr entwickelte sich im Laufe der Jahre ein besonders herzliches Verhältnis. Vater und Sohn standen weniger gut zueinander. Das hatte seinen Grund. In den kleinen Städten gab es außer gelegentlichen Tanzveranstaltungen oder Kegelpartien wenig Unterhaltungsmöglichkeiten. Man machte ein wenig Hausmusik – Ernst war ein ausgezeichneter Klavierspieler und gehörte dem Sängerkränzchen an, einer nach Art einer Studentenverbindung aufgezogenen Vereinigung der Sekundaner und Primaner des Gymnasiums, die mit Liedern und auch anspruchsvolleren Werken, etwa Bachschen Kantaten und Motetten an die Öffentlichkeit trat. Hinterher fand man sich – und das war wohl der Hauptzweck aller Vereine, wie sie auch immer heißen mochten – in fröhlicher Runde zusammen, um ein Fäßchen Bier anzustechen und, da man das Bier doch nicht so trocken herunterwürgen konnte, die Gurgel kräftig mit Schnaps zu ölen. Kurzum, es wurde schwer gesoffen, von Kindesbeinen an, denn schon die Tertianer und Sekundaner, Bürschchen von dreizehn bis sechzehn Jahren, hatten ihre Zirkel, in denen man nach studentischem Comment zu trinken begann und in einer jammervollen Besäufnis endete. Wenn es daheim zum Krach kam, dann waren diese Zusammenstöße zwischen Vater und Sohn zumeist auf eine Sauferei zurückzuführen, von der mein Bruder schwankend oder überhaupt nicht heimfand. Vater brüllte dann, aus ihm würde nie etwas werden, und er sehe es schon kommen, daß er als Kaffeehausmusiker im Rinnstein enden werde, und sein Abitur könne er in den Rauchfang hängen ...

Aber allen Unkenrufen zum Trotz bestand Ernst sein Abiturientenexamen, und es steht so deutlich in meiner Erinnerung, als wäre ich gestern dabeigewesen. Ich stand, vierjährig, zwischen meinen Schwestern auf einem Schemel am Fenster und sah vom Gymnasium her den johlenden Zug in der Bahnhofstraße herankommen. Mein Bruder, goldene Alberten als Abzeichen des akademischen Bürgers der Königsberger Albertina in den Rockaufschlägen und mit dem roten Stürmer zum Zeichen des bestandenen Examens auf dem Kopf, schwankte, auf den Schultern von Primanern des folgenden Abiturjahrgangs getragen und von den Gymnasiasten bis zur Sexta herunter gefolgt, uns zuwinkend heran. In dem großen Wohnzimmer waren vier Reihen langer Tische aufgestellt, die Stühle stammten aus der Konditorei Strauß, und Herr Strauß lieferte auch das Bier, von dem ein Fünfzig-Liter-Faß zum Anstich bereitstand. Ein Korbschläger lag vor dem Stuhl des Präsidenten griffbereit auf dem Tisch, und ein ehemaliger Abiturient, jetzt Mediziner im dritten Semester, der meinen Bruder für seine Verbindung keilen wollte, übernahm die Leitung des Festkommerses. Was sich über die Treppe buntbemützt vom Grün der Tertia bis zum Schwarz der Prima herandrängte, war eingeladen. Die ›Senioren‹ besetzten die Stühle, und die ›Junioren‹ übernahmen die Rolle der Füchse und schleppten volle Bierkrüge heran. Unterwegs sorgten sie dafür, daß sie nicht zu kurz kamen. Schon am frühen Nachmittag gab es die ersten Bierleichen, die das Treppenhaus vollkotzten und weggeschafft wurden. Nach vier oder fünf Stunden Kommersgesang und Becherklang begann dem Präsident das Regiment zu entgleiten, aber da machte sich die ganze Corona auch schon zu neuen Feiern auf den Weg, denn da sechs Mitschüler meines Bruders das Abitur bestanden hatten, fanden auch sechs andere Festkommerse statt, und so zogen sie die ganze Nacht hindurch von einem Gelage zum andern. In dieser Nacht wurden ein halbes Dutzend Laternen zertrümmert, das Denkmal des Generals v. Günther übel beschmiert, die Fenster des kleinen Puffs in der Ackerstraße mit Steinen zerschmissen und die Bänke in den Grünanlagen vor dem Landgericht in den Goldfischteich geworfen. Ich selber hatte den ersten Vollrausch, denn ich hatte mich heimlich über die Neigen in den Bier- und Schnapsgläsern hergemacht. Für Vater muß es ein schwerer Schock gewesen sein, der ihn nun auch für meine Zukunft das Schlimmste befürchten ließ. Mutter holte den alten Sanitätsrat Wollschläger herbei; was er mir einflößte, weiß ich nicht, aber ich stand am nächsten Tag wieder fest auf meinen dicken Beinen. Meinen Bruder haben ein paar mitleidige Seelen am frühen Morgen heimgebracht und ihn, da sie ihn wohl für tot hielten, einfach vor die Tür gelegt. Er trug schon als Primaner einen starken »Es-ist-erreicht-Schnurrbart«. Witzbolde hatten ihm die eine Hälfte davon abrasiert, und so entdeckte ihn Mutter. Mit Annas Hilfe schleppte sie ihn ins Bett, stellte einen Eimer daneben und schnitt ihm, um ihn nicht zum Gespött seiner selbst zu machen, mit ihrer Stickschere auch noch die andere Schnurrbarthälfte weg. Damit er sich beim Erwachen zurechtfinden konnte, ließ sie die Petroleumlampe brennen. Und das war ein großer Fehler. Denn die Lampe begann zu blaken und bedeckte den Schläfer, das Bett und das ganze Mobiliar seiner Schülerbude mit einer fingerdicken, öligen Rußschicht, weichen Flocken, die ihn beinahe erstickt hätten. Unsere Anna, die Mutter gegen Mittag mit Essiggurken und Rollmöpsen zu ihm schickte, kam schreiend zurückgelaufen, als wäre sie einem Gespenst begegnet, einem Gespenst von schwarzer Couleur. Die Säuberung des Zimmers nahm Tage in Anspruch, und der Petroleumgestank verlor sich nie ganz, auch nicht, nachdem das Zimmer neu tapeziert worden war.

Aber damit ist die Geschichte von dieser Abiturfeier noch nicht ganz zu Ende. Sie hatte noch ein unangenehmes Nachspiel. Denn auch vor der Entlassungsfeier der Abiturienten, einem Festgottesdienst in der Aula des Gymnasiums, an den sich die Rede des Direktors zur Entlassung der Schüler in das freie akademische Leben anschloß, gab es einen Kommers, den die Schüler ihren Lehrern ausrichteten. Und dabei wurde nicht weniger getrunken als auf den Kommersen zur Feier des soeben bestandenen Examens. Kurz vor Anbruch des Tages zogen die Herren Lehrer und ihre Abiturienten, vom Herrn Direktor persönlich angeführt, im Gänsemarsch durch die Stadt, um zum Abschluß der Feier im Schulhof des Gymnasiums den vom Direktor vor langen Jahren eingeführten und zur Tradition gewordenen ›Sockentanz‹ zu zelebrieren. Man zog die Schuhe aus, warf sie in der Mitte des Hofes auf einen Haufen zusammen, faßte sich an den Händen, hüpfte im Ringelreihen um die Schuhe herum und sang dabei: Was sollen uns Geigen und Flöhöhöten? Wir wollen noch einen verlöhöhöten! Und das viele Male hintereinander. Und da es zu mühselig war oder in der Dunkelheit sogar unmöglich gewesen wäre, die Schuhe auseinander zu klauben und im Haufen das eigene Paar zu finden, ließ man sie liegen und wankte auf Socken heimwärts. Die Schuhe kamen nicht abhanden, denn der Pedell stand, dieses Abschlusses der Feier gewärtig, bereits unter dem Portal und sammelte die Schuhe ein, die man bei ihm anderen Tages gegen ein Trinkgeld wieder einlösen konnte.

Mutter gelang es mit vieler Mühe, Ernst am Morgen zu wecken, denn die Abschlußfeier und Entlassung sollte pünktlich wie an jedem anderen Schultag um acht Uhr beginnen. Sein Zustand war nicht der allerbeste, und auch der starke Kaffee, den Mutter ihm einflößte, vermochte daran nicht viel zu ändern. Aber es beruhigte sie, daß er dann doch aufrecht und ohne allzu starken Zickzackkurs dem Gymnasium entgegensteuerte. Er hatte seit seinen Sekundanerjahren bei den täglichen Morgenandachten die Lieder mit seinem Harmoniumspiel eingeleitet, begleitet und ausklingen lassen. Also reihte er sich nicht zu seinen Mitabiturienten, die vor dem Pult Aufstellung genommen hatten, von dem aus der Direktor seine Schlußansprache halten wollte, sondern ging zu dem auf einem Podest stehenden Harmonium, warf seinen Nachfolger von der Orgelbank und intonierte, während der Direktor das Gesangbuch aufschlug und zur ersten Strophe des Liedes ›Nun danket alle Gott‹ aufrief, vor versammelter Schulgemeinde den Schlager der Saison: ›Puppchen, du bist mein Augenstern . . . ‹ – Man mußte ihn mit Gewalt von der Orgelbank und aus der Aula entfernen, die Abschlußfeier fand ohne ihn statt, der Direktor entrüstete sich über seine sittliche Unreife, wollte ihm das Abgangszeugnis verweigern und ihn von der Schule relegieren. Vater mußte grobes Geschütz auffahren, er drohte, die Sockentänze vor das Provinzialschulkollegium zu bringen und erreichte es schließlich, daß Ernst sein Abgangszeugnis ohne Änderung in der Betragen-Note ausgehändigt bekam.

Daß er viele Jahre später bei meinem eigenen Abitur auch intervenieren mußte, war allerdings keine Folge von alkoholisch beschwingten Sockentänzen, sondern hatte ganz andere Gründe. Paul Wegener, der dämonische Darsteller des Golem und des Studenten von Prag, beging wenige Wochen vor meinem Abitur seinen fünfzigsten Geburtstag. Dreißig Jahre zuvor hatte er an der gleichen Penne sein Abitur gemacht und war zur Feier dieses dreißigjährigen Jubliäums zu einer besonderen Ehrung eingeladen worden. Man hatte nämlich seinen Abiturientenaufsatz in den verstaubten Archiven des Gymnasiums auf dem Speicher entdeckt. Schüler der Untertertia, die im Zeichenunterricht gerade mit der Rohrfeder umzugehen lernten, hatten seinen Aufsatz in schöner Schrift auf festem Bütten zu Papier gebracht und hübsch eingebunden, und dieser Aufsatz wurde Paul Wegener vom Sprecher der Schule, meinem Konabiturienten Arthur Krewald, mit einer schwungvollen Ansprache überreicht. Paul Wegener bedankte sich herzlich. Hinterher aber trat unser Direktor aufs Katheder und setzte zu einer denkwürdigen Ansprache an: Der Deutschlehrer und das Kollegium des Jahres 1894 hätten die Qualität seines Aufsatzes über das Thema ›Hat Schiller mit seiner Behauptung recht, wenn er sagt, daß in Goethes Iphigenie das Sittliche, das im Herzen wohnt, zum Mittelpunkt der Handlung gemacht sei‹ doch nicht so recht erkannt und gebührend gewürdigt und daher den Aufsatz nur mit einer ›Drei bis Vier‹ benotet. Nach reiflicher Überlegung seien er und seine Herren Kollegen zu der Auffassung gelangt, daß dieser Aufsatz sicherlich eine ›Zwei bis‹, wenn nicht gar eine glatte ›Zwei‹ verdient hätte, und so habe man sich erlaubt, den Aufsatz mit der Note ›Gut‹ nachzuzensieren. – Uns lief der Schweiß in den Hals und wir schluckten trockene Klöße hinunter, als Wegener erwiderte, diese ›Drei bis Vier‹ habe ihm dreißig Jahre lang schlaf-

lose Nächte bereitet, und er hoffe nun, die restlichen Nächte seines Lebens ohne Alpdrücken und Nachtschweiß ruhig schlafen zu können.
Mir juckte es in den Fingern, ich konnte nicht anders, ich setzte mich noch am gleichen Abend hin, schrieb die Geschichte nieder und schickte sie an den ›Simplicissimus‹. Peter Scher veröffentlichte sie sofort, übersandte mir ein Honorar von zwanzig Mark und forderte mich zu weiterer Mitarbeit auf. Kaum war sie gedruckt, da ließ mich der ›Chef‹ auch schon zu sich kommen, schielte durch seine starken Brillengläser über meinen Kopf hinweg und eröffnete mir, daß ich zum mündlichen Examen nicht mehr anzutreten brauche und das Examen möglichst an einer anderen Anstalt im nächsten Jahr wiederholen könne. Vater war der rettende Engel. Er erklärte dem Direktor kühl, daß neunzehn- oder zwanzigjährige junge Menschen genug kritischen Verstand besäßen, um sich über diese hanebüchene Zensurenänderung ihre eigenen Gedanken zu machen. Und im übrigen könne er sich nur wundern, daß das Provinzialschulkollegium noch nichts unternommen habe, um ähnliche peinliche Vorkommnisse in Zukunft zu unterbinden. Und da zur gleichen Zeit auch Paul Wegener, dem ich den Simplicissimus mit meinem Beitrag zugeschickt und meine Nöte kurz geschildert hatte, für mich intervenierte, durfte ich ins Mündliche, und der Oberschulrat, der die Prüfung leitete, behandelte mich besonders liebenswürdig. Er galt als strenger Examinator. Mir stellte er, nachdem er sich laut in ein großes Taschentuch geschneuzt hatte, eine einzige Frage: Ob mir eine besonders treffende Definition für den Begriff des Humors bekannt sei, und als ich stramm und lautstark – denn er liebte eine forsche Haltung –

antwortete: Humor ist, wenn man trotzdem lacht! murmelte er: Ausgezeichnet, ganz ausgezeichnet! und entließ mich mit einer gnädigen Handbewegung aus der Prüfung. Der Chef saß mit steinernem Gesicht daneben. –

Meinem Vater waren solche Gänge verhaßt, denn Schulmeister – er nannte sie nie anders – waren ihm, vielleicht aus eigener Erfahrung, in der Seele zuwider. Lauter arrogante Kerle und Besserwisser, pflegte er zu sagen; na ja, unter Blinden ist der Einäugige König, und vor Analphabeten kann, wer ein bißchen lesen und schreiben kann, leicht den lieben Gott spielen und Zensuren verteilen. Und wenn man recht hinsieht, dann haben die Brüder das ganze Jahr Ferien, und dafür werden sie auch noch bezahlt...

In den Gerichtsferien trafen bei uns manchmal Ansichtskarten von der Schneekoppe oder vom Brokken mit Grüßen von Kollegen ein. Bei uns ging es wohl zu knapp zu, als daß sich die Eltern weite Urlaubsreisen hätten leisten können, zumal, nachdem Ernst die Universität bezogen hatte, um Jura zu studieren. Vaters Ferien sahen wir Kinder mit dem gleichen Bangen entgegen wie seinen freien Nachmittagen und den Sonn- und Feiertagen überhaupt, denn Vater war ein gewaltiger Marschierer und schleifte uns meilenweit durch die Wälder und Felder mit. Die Schönheit der Landschaft ließ ihn ziemlich unberührt, er wäre auch durch die Sahara gelaufen, die Hauptsache für ihn war, ein Minimalpensum von zwanzig Kilometern hinter sich zu bringen. Er brauchte einfach Bewegung. Seine obligatorischen Revisionsbesuche der zum Landgerichtsbezirk gehörenden Amtsgerichte legte er, obwohl es zu den meisten Orten Eisenbahnverbindungen gab, prinzipiell zu Fuß zurück,

und es waren nach Bialla, Rhein oder Marggrabowa gewaltige Entfernungen. Er marschierte, in den Dörfern vom Hundegebell verfolgt und manchmal von streunenden Hunden angegriffen, mit dem Regenschirm in der linken und einem dicken Knüppel in der rechten Hand ganze Nächte hindurch und erschien zuweilen erst zum Frühstück daheim in der Wohnung, ohne die geringste Spur von Ermüdung zu zeigen. Der einzige, der sich strikt weigerte, mitzumarschieren, und dem Vater die Weigerung durchgehen ließ, war Dittchen, unser Dackel. Wenn er sah, daß Vater die Stiefel mit den Doppelsohlen anzog, verkroch er sich und blieb für den Rest des Tages verschwunden.
In Ostpreußen wurde das Zehnpfennigstück allgemein nur Dittchen genannt. Und weil der Dackelwelpe, den mein Bruder eines Tages von einem Schulausflug mit heimbrachte, so winzig wie ein Dittchen war, bekam er diesen Namen. Er war ein Rauhhaardackel und stammte aus einer guten Zucht, die ein Förster betrieb, dessen Sohn mit Ernst die gleiche Klasse besuchte. Vater war eigentlich kein Hundefreund, aber da seine Kinder ein Jahr zuvor die Mutter verloren hatten und ein Wesen brauchten, an das sie ihr Herz hängen konnten, gab er ihren Bitten nach, und der Dittchen durfte im Haus bleiben. Als ich auf die Welt kam, war der Dittchen etwa vier Jahre alt. Aus lauter Besorgnis, der Hund könnte mir Flöhe, Würmer oder sonstwas anhängen, wollte Vater ihn wieder abschaffen, aber da traf er nicht nur auf den Widerstand seiner Kinder, auch Mutter, die daheim mit Hunden großgeworden war, setzte sich energisch dafür ein, daß der Dittchen bleiben durfte. Der Hund vergalt es ihr mit rührender Anhänglichkeit, und mich schloß er ganz eng in sein Dackelherz. Er schlief vom

ersten Tag an unter meinem Bett, knurrte jeden an, der sich mir zu nähern wagte, folgte mir von den ersten Gehversuchen an auf Schritt und Tritt und leckte mich sauber, wenn ich mir die Hosen vollgemacht hatte. Und obwohl es ihm und mir streng verboten wurde, fand er immer einen Weg, zu mir ins Bett zu schlüpfen und morgens zu verschwinden, ehe er bei mir entdeckt wurde. Die tragische Geschichte, wie der Dittchen uns beinahe eingegangen wäre, ereignete sich zu einem späteren Zeitpunkt.

An den Familienausflügen nahm unser Dittchen, wie gesagt, nicht teil. Auch ich hätte mich gern davor gedrückt, aber da biß ich ebenso wie meine Schwestern bei Vater auf Granit. Bald nach meinem fünften Geburtstag hatte Vater wie alljährlich seinen Sommerurlaub genommen. Es begann die Zeit der großen Wanderungen. Gerade in diesen Tagen hatten die Eltern Konditor Strauß und seine Frau beschworen, mich nicht mehr mit Süßigkeiten zu mästen. Sie hatten es versprochen und hielten sich leider auch an ihr Versprechen. Das beeinträchtigte meine Laune natürlich ganz beträchtlich. Statt des Milchbreies zum Frühstück wollte ich Bonbon haben, und Mutter sagte, was ich nun schon seit einigen Tagen zu hören bekam: iß zuerst deinen Brei, mein Jungchen, dann kriegst du auch ein Bonbon. Aber ich aß den guten Brei nicht und bekam infolgedessen auch kein Bonbon. Das war logisch. Auch statt des Apfels, den ich alltäglich am Vormittag bekam und den ich sonst ohne Widerstände verzehrte, wünschte ich mir ein Bonbon. Und wieder war es klar, daß ich, da ich das eine nicht wollte, das andere, das ich mir wünschte, nicht bekam. Als ich beim Mittagessen darauf bestand, die Suppe und das Rindfleisch mit Meerrettichsoße gegen Bonbons einzutauschen, wurde Mutter nervös. Vater, die Ruhe in Person, da er die Geschehnisse des Vormittags nur vom Hören kannte – und Gehörtes ist zumeist unterhaltsamer als Erlebtes –, sagte nur: Festbleiben, Lina! Und meine Mutter blieb fest und ich fastete weiter. Aber bald nach dem Mittagessen brachen wir auf, nicht zu einem Gewaltmarsch, dieses Mal war nur ein Ausflug nach Sybba geplant, ein Spaziergang von knapp zwei Stunden. Es war eine kleine Bahnstation mitten im Wald auf der Strecke nach Prostken. Früher hatte Vater manchmal gestattet, daß Mutter die Bahn benutzte und uns in Sybba erwartete. Aber seit ihr einmal beim Zuschlagen der Abteiltür der Rock eingeklemmt worden war, so daß die Tür sich auch mit Gewalt nicht öffnen ließ und Mutter bis Prostken durchfahren mußte, wo sie ein Eisenbahner befreite, bestand Vater darauf, daß sie mitmarschierte. Er hatte, als sie damals erst nach Stunden erschien, wahre Höllenängste ausgestanden, ihr könne etwas Schlimmes zugestoßen sein. Meine Schwestern mußten bei den Ausflügen stets voranlaufen, und sie trabten mit Leichenbittermienen dahin, denn Vater nörgelte unausgesetzt an ihnen herum. Alle Augenblicke hieß es: Lotte, geh gerade! Else, die Füße nach auswärts! Lotte, linke Schulter hoch! Else, Brust raus, Kopf hoch! Und wenn es ganz schlimm kam, dann steckte er einem der bedauernswerten Geschöpfe seinen Spazierstock rückwärts durch die angewinkelten Arme, sodaß sie bolzengerade und steif wie Zinnsoldaten voranmarschierten. An meiner Haltung hatte er nichts auszusetzen, ich durfte laufen, wie ich wollte. Aber bei diesem Ausflug wollte ich Bonbons, es ist sogar möglich, daß ich anstatt des Spaziergangs Bonbons haben wollte. Als Mutter mir eine Handvoll Erdbeeren pflückte – und das Erdbeerpflücken muß im Fischbeinkorsett eine ziemlich mühevolle Angelegenheit gewesen sein –, verzichtete ich auf die Erdbeeren und wollte durchaus Bonbons haben. Das war der Moment, in dem Vater mich ernst ansah und etwas von dem zum Brunnen gehenden Krug in seinen Bart murmelte, denn er trug wieder Bart, einen Vollbart, in den meine Schwestern Zöpfe flechten durften, damit er lockig über die Brust fiel. Es war etwas in seinem Blick und in seiner Stimme, was mich hätte stutzig machen müssen, aber ich kannte ihn ja noch nicht so lange.

Das Ziel des Ausflugs war eine kühle, schattige Wirtschaft, die Waldschenke, ein beliebtes Ausflugslokal. Hier packte Mutter die mitgebrachten Wurstbrote und kalten Klopse aus – es waren immer gewaltige Pakete – und Vater labte sich daran und trank dazu ein Bier. Ich bewunderte ihn maßlos, wenn er den Schaum mit einem zischenden Geräusch aus seinem dicken Schnurrbart sog. Daheim benutzte er leider eine sogenannte Barttasse, deren Prozellansteg die Durchtränkung seines Schnurrbartes mit dem Kaffee oder Tee verhinderte. Als nun die Brote verteilt wurden, wiederholte ich mein Tauschangebot. Und endlich schien es zu klappen. Vater stand auf und sagte mit seiner mildesten Stimme: So, mein Jungchen, jetzt sollst du endlich deine Bonbons kriegen!

Der Wirt der Waldschenke hatte auf der Theke zwei große Glasbehälter stehen, der eine davon enthielt rote Riesenhimbeeren zu einem Pfennig das Stück, und der andere rotweißgedrehte Pfefferminzstangen, die allerdings fünf Pfennige kosteten, aber heute sah Vater so aus, als ob er seine Spendierhosen anhätte und mir eine Pfefferminzstange bewilligen würde. Er nahm meine Hand und führte mich vom Tisch fort, aber nicht an die Theke, sondern geradewegs zu dem Bretterverschlag, hinter dem sich das Pissoir befand. Und ehe ich mich versah, lag ich über seinem Knie und verspürte ein schmerzliches Brennen am Hintern.

»Na, wie ist's, Jungchen, willst du noch immer Bonbons haben?«

»Nein!« brüllte ich, »keine Bonbons mehr!«

»Doch«, sagte Vater ganz ruhig, »ich sehe es dir doch deutlich an, daß du noch Bonbons haben möchtest«, und er fuhr fort, mir noch zwei oder drei volle Portionen auszuteilen. – Es war mein erster Zusammenstoß mit jener Geisteshaltung, die man Ironie nennt, und ich gestehe, daß ich ironische Leute bis auf den heutigen Tag nicht leiden kann.

Ein- oder zweimal im Jahr leistete Vater sich einen besonderen Genuß. Dann fuhr er mit zwei befreundeten Kollegen, den Herren Gleich und Sczymanski, nach Prostken. Die Damen waren mit von der Partie, sie spielten dabei sogar eine wichtige Rolle. Prostken war die letzte Bahnstation vor der russischen Grenze. Drüben lag Grajewo, ein kleines Nest mit polnischer Bevölkerung. Zum Grenzübertritt brauchte man weder Paß noch Visum. Während die Herren sich auf der großen Glasveranda der Bahnhofswirtschaft in Prostken niederließen und den Durst mit einem Bierchen löschten, machten die Damen einen kleinen Ausflug in das große russische Reich und kehrten nach einer knappen Stunde wohlbehalten und von keinem russischen oder deutschen Zöllner belästigt nach Prostken zurück. In geheimen Frauenverstecken, nach denen kein Grenzer bei Damen zu forschen gewagt hätte, brachte jede von ihnen ein kleines Fäßchen mit großkörnigem, köstlichem Malossol-Kaviar mit, der bald darauf, auf Eis serviert, von der kleinen Gesellschaft nach russischer Art mit schwarzem Brot und Wodka löffelweise verzehrt wurde. Mir schob Vater ab und zu ein Löffelchen in den Mund und weckte in mir damit eine Leidenschaft, die mich in meinem späteren Leben eine Menge Geld gekostet hat. Man blieb bis in die einbrechende Nacht zusammen, denn dann wurden auf der Veranda bunte Laternen angezündet, die diesem Ausflug eine festliche Note gaben. Die Herren tranken noch einige Biere und Schnäpse, die Damen nippten an einem Gläschen Portwein, und ich bekam eine rote oder grüne Brauselimonade. Die Herren waren nach dem Festmahl in heiterster Stimmung und machten auf der Toilette witzige Bemerkungen, deren Sinn mir rätselhaft blieb und nach deren Bedeutung ich auch nicht zu forschen wagte. Erst, als ich in den nächsten Tagen von den Großeltern zu Kakao und frischen Waffeln eingeladen, den Großvater fragte, weshalb denn nun eigentlich Kaviar dem Vater wieder auf die Mutter helfe, verschluckte er sich so sehr, daß er fast erstickt wäre. Eine Antwort auf meine Frage bekam ich leider von ihm auch nicht.

Ich kann mir nicht denken, daß diese seltenen Fahrten nach Prostken sehr kostspielig waren. Gewiß, Kaviar war immer schon eine Delikatesse und nicht gerade billig, aber da die Damen den Zoll umgingen, kamen sie sicherlich recht preiswert dazu. Richtige Extravaganzen hätten sich die Eltern nie geleistet, weil sie sie sich gar nicht leisten konnten. Sein Gehalt brachte Vater an den Quartalsenden heim. Er erhielt es in Gold ausbezahlt und schüttete es aus einem grauen Leinenbeutel vor Mutter auf den Eßtisch aus. Sie besaß einen kleinen, sehr hübschen Nähtisch, den sie in die Ehe mitgebracht hatte. Er enthielt unzählige Fächer und kleine Schubladen, die sie ihrem eigentlichen Zweck entfremdete und als Tresor benutzte. Ein Goldstück steckte Vater für seine persönlichen Ausgaben ins Portemonnaie, den Rest verteilte Mutter auf die Fächer und Schubladen, die alle kleine Etiketten mit Aufschriften trugen: Schuster, Fleischer, Bäcker, Schulgeld, Kohlen, Bücher – Hefte, Wäsche, Schneiderin und so weiter und so weiter. Vater schaute zu, wenn sie die Goldstücke verteilte und brummte dazu eine Strophe des Rückert-Liedes ›Aus der Jugendzeit‹: wenn ich wiederkomm, wenn ich wiederkomm, sind Kisten und Kasten leer . . .

Und sie waren leer, bis auf eine kleine schäbige Reserve aus Silber und Trompetengold ratzeputze leer, meistens schon eine lange Woche vor Beginn des neuen Quartals. Dann half Großmutter aus ihrer Wirtschaftskasse aus, oder es gab acht Tage lang abwechselnd Kartoffelsuppe, Lungenhaschee oder Rinderfleck, auch Kartoffelpuffer und Stinte in sauersüßer Soße. Vater war es völlig gleichgültig, was auf den Tisch kam, es mußte nur schmackhaft zubereitet und viel sein, denn er war ein gigantischer Fresser und wog, ohne daß man ihn dick nennen konnte oder daß er einen Bauch hatte, über zweieinhalb Zentner. Mit zwanzig bis dreißig Eiern zum Frühstück, mit einer zehnpfündigen Gans oder mit vierzig Kartoffelpuffern, von denen drei auf Mutters größte Pfanne gingen, wurde er spielend fertig. (Meine zweite Frau, die mir meine Erzählungen über Vaters enormen Appetit nie so recht abnehmen wollte und ihn erst an seinem neunzigsen Geburtstag kennenlernte, sah mit immer größer werdenden Augen mit an, wie er zwei Teller einer bouillabaisse-ähnlichen Fischsuppe, Mutters Spezialität, einen großen Karpfen mit Bergen von buttergetränkten Kartoffeln und zum Nachtisch ein halbes Dutzend Birnen von der Sorte Gute Luise verputzte.) Auch sein Konsum an Zigarren war gewaltig. Er bevorzugte schwarze Brasil und beneidete den Fürsten Bismarck, den er verehrte, glühend um jene Zigarrenspitze, aus der man zwei Zigarren gleichzeitig rauchen konnte; aber diese Spitze hätte wohl seine finanziellen Möglichkeiten überstiegen.

Vielleicht lag es auch an Vaters ungeheurem Appetit, daß wir uns Urlaubsreisen zu fernen Zielen nicht erlauben konnten oder nicht unternahmen, weil es keine Gasthausküche der Welt gab, die ihm die Portionen vorsetzte, die er zur Erhaltung seiner Körperkräfte für nötig hielt. Meine Schwestern lieferte Vater in den Schulferien bei ihrer Tante Marie in Alt-Uckta ab, wo sie unter guter Aufsicht standen. Darauf legte er großen Wert, besonders bei Else, bei der er auch irgendwo Ameisen zu entdecken fürchtete. Sie war ein bildhübsches, schwarzhaariges Mädchen mit märchenhaft blauen Augen, hinter der nicht nur die Primaner, sondern auch die Leutnants der Garnison herwaren. Ich glaube nicht, daß sie mich besonders liebte, denn Mutter, um ihre Tugend genauso besorgt wie Vater, bestand darauf, daß sie mich zu allen Besorgungen, die sie in der Stadt zu machen hatte, stets mitnehmen mußte. Meiner Rolle als Garde de vertu war ich mir gewiß nicht bewußt, aber daß ich ein äußerst lästiges Anhängsel war, ist sicher, denn ich liebte sie eifersüchtig und ließ keinen Verehrer in ihre Nähe. Lotte war noch zu jung, um ernsthaft gefährdet zu sein. Ernst durfte zu Onkel Benjamin nach Königsberg fahren, wo er in einem Hause von weit üppigerem Zuschnitt als unserm verwöhnt wurde, oder Vater schickte ihn nach Nikolaiken, wo einer seiner Vettern die Fischereirechte an mehreren Seen gepachtet hatte und eine Maränenräucherei betrieb. Seine Maränen gingen sogar an den kaiserlichen Hof nach Berlin, und er durfte sich Hoflieferant nennen, worauf er sehr stolz war. Wenn Ernst von den Ferien heimkam, brachte er stets eine fett-triefende Kiste mit Nikolaiker Maränen mit, auf die Vater schon mit Sehnsucht wartete.

Einmal nahmen mich die Schwestern nach Alt-Ukta mit, aber ich hielt es dort keine acht Tage aus. Die älteren Bauernjungen verprügelten mich, weil ich ihnen zu städtisch war, und mit den gleichaltrigen gab es kein Spiel und keine Unterhaltung, weil sie unsere Spiele nicht kannten und außerdem nur masurisch sprachen, wovon ich nur ein paar Brocken verstand. Und schließlich behandelte mich diese Tante Marie miserabel. Sie konnte es meinem Vater nicht verzeihen, daß er, wenn er schon noch einmal heiraten mußte, nicht sie genommen hatte. Meiner Mutter sagte sie einmal wörtlich, sie könne es nicht begreifen, daß Vater ›einen nackten Hintern‹ geheiratet habe, worunter sie die Vermögenslosigkeit von Mutter verstand; sie hätte Vater doch Häuser, Grundbesitz und ein beträchtliches Barvermögen in die Ehe mitgebracht. Daß Mutter seitdem nervöse Zustände bekam, wenn Tante Marie ihren Besuch ankündigte, ist verständlich. –

Daheim hatte ich, was ich in Alt-Ukta so sehr vermißte, Raum, Freiheit und Spielgefährten in jeder Menge. Das Straußsche Haus war mit dem Nachbarhaus durch einen Torbogen aus Mauerwerk verbunden, der auf einen Hof von der Größe eines Marktplatzes führte. Im Nachbarhaus befand sich nämlich die Gastwirtschaft von Herrn Paul Bouvain, einem Hugenottenabkömmling, deren es in Lyck viele gab. Unser Schuhmacher hieß Dubois, und der Fleischer Toussaint. Sie hielten auf Tradition, sprachen ihre Namen französisch aus und manche heirateten, wenn es irgendwie zu machen war, zu Königsberg in der Französischen Kirche. Dieser Bouvain war ein Original; wenn er voll war, und das war er häufig, beschimpfte er seine Gäste, prügelte auf sie ein und schmiß sie hinaus. Ein Unteroffizier der Ulanen hatte bei solch einer Gelegenheit blankgezogen und ihm mit seiner Plempe die Nase abgehauen. Seitdem trug er die Nasenlöcher in Augenhöhe und sah furchterregend aus. Den Ulanen wurde das Lokal verboten, aber die anderen Gäste gewöhnten sich an seinen Anblick, nahmen ihm seine Eskapaden nicht übel und verkehrten weiter bei ihm, vor allem die Bauern aus der Umgebung, die an Markttagen in die Stadt strömten und ihre Pferde und Fuhrwerke bei ihm unterstellten. Im Hof befanden sich große Stallungen, die sich herrlich zum Versteckspielen eigneten.

Im zweiten Stockwerk des Bouvainschen Hauses wohnten meine liebsten Freunde, Hannchen und Fritzchen Grigat; Johanna zwei Tage jünger als ich, Fritz um ein Jahr älter. Ihre Mutter war eine junge, schöne Frau, die das Haar wie die Kronprinzessin Cecilie von den Schläfen und vom Nacken aufgekämmt in einem kunstvollen Knoten trug. Kinder aus der Nachbarschaft fanden sich in Scharen ein, und wir spielten auf dem Hof und in den Bouvainschen Stallungen Räuber und Gendarm, Indianer und Trapper, Wer fürchtet sich vorm schwarzen Mann, Verstecken und Dridri-Greifchen mit Popo-Anschlag, wobei der

Anschlag bei diesem kombinierten Spiel aus Greifen und Verstecken durchaus nicht auf den Popo, sondern auf Rücken oder Schulter gegeben wurde. Aber ich spielte mit Hannchen und ihren Puppen auch ›Vater-Mutter-Kind‹ und in den dunklen Winkeln der Ställe und auf ihren Heuböden ›Dokterchen‹, und mich müssen die kleinen Unterschiede, die es zwischen Buben und Mädchen gibt, ganz ungeheuer interessiert haben. Denn eines Tages blieb Hannchen den Spielen fern, und ihre Mutter zog mich, als ich sie arglos und ganz ohne schlechtes Gewissen abholen wollte, zu sich in die Küche und sagte sehr ernst: ›Hör einmal, Jungchen, wenn du noch einmal dem Hannchen an ihrem Dingchen spielst, dann schneide ich dir die Finger ab. Wie der Schneider mit der Scher! Hannchens Dingchen ist nämlich ganz rot und entzunden!‹ – Sie muß eine für jene Tage ungewöhnlich vernünftige Frau gewesen sein, denn in Dingen des Dingchens verstand man damals keinen Spaß. Sie ließ uns sogar, was andere Mütter gewiß nicht getan hätten, weiter miteinander spielen, nur schaute sie öfters aus dem Küchenfenster in den Hof hinunter und rief ihr Hannchen ins Freie, wenn wir uns allzulange in den Ställen und Scheunen versteckten ...

Ein halbes Jahr später brauchte sie sich um ihr Hannchen keine Sorgen mehr zu machen, jedenfalls nicht meinetwegen, denn Vater ließ sich nach Königsberg versetzen, weil er Ernst, der einer schlagenden Verbindung beigetreten und mehr in der Kneipe als im Hörsaal zu finden war, im Hause unter Aufsicht haben wollte. Else, die inzwischen das Lyzeum abgeschlossen hatte, wollte in Königsberg die Gewerbeschule besuchen. Vater hatte nichts dagegen einzuwenden, daß seine Töchter sich auf einen Beruf vorbereiteten. Es war zwar anzunehmen, daß sie eines Tages heiraten würden, aber er hielt die Ehe für ein Lotteriespiel, bei dem man mehr Nieten als Gewinne zog. Und außerdem gab es noch eine Menge anderer Möglichkeiten, die eine junge Frau zwingen konnten, für sich selber zu sorgen.

In dieser Zeit des nahenden Abschieds von den Freunden und von dem riesigen Spielplatz hinter dem Haus mit seinen vielfältigen Gelegenheiten für Unterhaltung und anatomisch-biologische Studien begann unser Dittchen uns große Sorgen zu machen. Er war gerade acht Jahre alt geworden und stand damit, nach Hundejahren gerechnet, eigentlich im besten Mannesalter. Es war traurig, aber wir mußten uns mit dem Gedanken vertraut machen, daß es mit dem Dittchen zu Ende ging. Zuerst befürchteten wir wahrhaftig, er hätte sich an der Tollwut angesteckt, denn tollwütige Dachse und Füchse kamen oft genug über die Grenze, und Hundesperren, bei denen der Dittchen nur mit Maulkorb und an der Leine ausgeführt werden mußte, gehörten nicht gerade zu den Seltenheiten. Früher war er der Familie mit seiner Munterkeit am Morgen zuweilen fast auf die Nerven gegangen, aber seit einem guten halben Jahr wachte er, wenn er überhaupt aus seinem Korb aufzustehen geruhte, so ausgesprochen schlecht gelaunt auf, daß man ihn kaum anzusprechen wagte. Unserer Anna, mit der er seit eh und je in einem etwas gespannten Verhältnis lebte, weil sie ihn aus der Küche jagte, wenn er ihr die Besen und Scheuertücher verschleppte, schnappte er eines Morgens bei solch einer Gelegenheit giftig nach der Wade und biß sie, als sie ihm eine aufs Maul geben wollte, bis aufs Blut in die Hand. Aber er soff, er soff mehrmals am Tag seine Wasserschüssel leer, und das sprach ja nun entschieden gegen den Tollwutverdacht. Gegen Mittag wurde er dann etwas lebhafter. Aber es war eine unruhige, sozusagen nervöse Lebhaftigkeit, und er fraß auch ohne rechten Appetit. Wenn ich nach dem Essen zum Spielen auf den Hof lief, folgte er mir zwar, verzog sich aber bald zu einem Mittagsschlaf in die Bouvainschen Ställe und trottete später zum Hause zurück, um Herrn Bouvain einen Besuch abzustatten. Das eigentliche Leiden begann später. Für zwei oder drei Stunden zog er die Hinterläufe nach, als ob er im Rückgrat gelähmt sei, die kurzen krummen Vorderläufe knickten ein, er heulte in langgezogenen Tönen, starrte aus glasigen Augen in die Welt und schnappte nach Gegnern, die nur in seiner Einbildung existierten.

Natürlich brachte Mutter ihn zum Tierarzt. Herr Kleinschroth legte den Dittchen auf den Blechtisch, untersuchte ihn vorn und hinten, drückte an ihm herum und beklopfte und behorchte ihn, und der Dittchen ließ es sich ruhig gefallen, denn vor dem Doktor hatte er den gleichen heiligen Respekt wie ich vor dem Düppeler Invaliden mit seinem Kranich. Und schließlich meinte Herr Kleinschroth, der Dittchen habe wohl eine von uns nicht bemerkte Staupe durchgemacht, und davon könne etwas im Gehirn zurückgeblieben sein. Aber es wäre gewiß kein Schaden, der uns veranlassen könne, dem Dittchen den Gnadentod geben zu lassen. Und mit einer Anspielung, die Mutter ziemlich unfein fand – aber was konnte man von einem Viehdoktor auch schon mehr an Lebensart erwarten? – gab er ihr den Dittchen zurück und sagte: Tscha, gnädige Frau, jünger werden wir leider alle miteinander nicht...

Immerhin, es war eine beruhigende Diagnose, mit der

Mutter von dem Arztbesuch heimkam. Der Dittchen bekam einen besonders saftigen Knochen, weil er sich beim Doktor so brav verhalten hatte, und mit dem zog er sich irgendwohin zurück. Und genau drei Stunden später ging es mit ihm endgültig dahin. Wir standen mit Tränen in den Augen um den sterbenden Dittchen herum, er zuckte mit den Pfoten wie ein Epileptiker in einem schweren Anfall, und dazu heulte er, daß das ganze Haus zusammenlief, sogar die Gesellen von Konditor Strauß kamen aus der Backstube heraufgerannt und meinten, es ginge mit einem von uns auf eine schreckliche Art zu Ende. Und Mutter packte den Dittchen zum zweiten Mal an diesem Tage und sauste mit ihm wie die Feuerwehr zu Dr. Kleinschroth in die Praxis. Die Leute, die mit ihren kranken Hunden, Katzen und Kanarienvögeln im Wartezimmer saßen, ließen ihr bei der Schwere des Falles – denn der Dittchen verdrehte bereits die Augen – gern den Vortritt. Der Doktor nahm den Dittchen auch sofort heran, schaute ihm in die Pupillen, riß ihm die Zähne auseinander und roch ihm tief in den Rachen hinein. Und dann gab er dem Dittchen einen kräftigen Schlag auf den Hintern und sagte, ehe Mutter gegen diese rohe Behandlung des lieben Tierchens protestieren konnte: Wissen Sie, verehrte Dame, was mit dem Dittchen los ist? Dieser elende Saudackel ist besoffen wie ein Fürst! Seine ganze Krankheit ist ein richtiges Delirium tremens, und ich möchte wetten, daß er ganze Heerscharen weißer Mäuse sieht. – Er packte den Dittchen beim Genick, ging zur Wasserleitung und hielt den zappelnden Dackel minutenlang unter den kalten Wasserstrahl. Und als er ihn Mutter zurückreichte, grinste er recht hämisch: So, und jetzt versuchen Sie herauszubekommen, wo er sich besäuft, und dann

gewöhnen Sie ihm das Saufen ab. Das wird eine schöne Lebensaufgabe werden, gnädige Frau. Und jetzt bekomme ich noch drei Mark. –
Am nächsten Tag lagen wir zu fünft auf der Lauer, Mutter und Anna waren mit dabei und beobachteten, wie der Dittchen nach kurzem Schlaf im Stall hinter den leeren Fässern verschwand, die neben dem Hintereingang zur Bouvainschen Kneipe aufgestapelt standen. Aber nicht, um in ihrem Schatten weiterzudösen. Er schlüpfte hinter ihnen hervor und verschwand im Hause. Und im Lokal vom Bouvain fanden wir ihn unter der Theke an der vollen Schüssel mit Tropfbier, das er selig in sich hineinschlabberte. Herr Bouvain aber, den meine Mutter empört zur Rede stellte, grinste sie aus seinen schrecklichen Nasenlöchern an: Respekt vor so'nem Durst, verehrte Dame, da könnte sich mancher Gast ein Beispiel nehmen! – Und er erzählte feixend, daß unser Dittchen seit einem guten Jahr bei ihm täglicher Stammgast sei und zur Erheiterung der Gäste viel beitrage, denn er benehme sich mit einem Zacken in der Krone akkurat genauso wie ein Mensch. Und akkurat wie einem Menschen haben wir dem Dittchen das Saufen abgewöhnen müssen. Die harte Entziehungskur dauerte über ein Vierteljahr. Eine hohe, große Kiste mit zollstarken Brettern wurde zur Trinkerheilanstalt umfunktioniert, und die Kur war wirklich alles andere als lustig. Zweimal gelang es unserem kleinen Trunkenbold beinahe, die dicken Bretter durchzunagen. Acht Tage lang heulte er wie ein Derwisch und schnappte nach jedem, der sich ihm näherte. Der Doktor kam öfters vorbei und gab dem Dittchen Beruhigungsmittel, die Anna ihm ins Futter mischen mußte. Es war eine harte und lange Kur, aber sie hatte

schließlich Erfolg, der Dittchen soff fortan nur Wasser und zeigte sogar deutlichen Ekel, wenn Anna zum Abendessen gelegentlich einen Krug Bier vom Bouvain holte und auf den Tisch stellte. Nur Ernst hörte es nicht allzu gern, wenn ihm der Dittchen zu passenden und unpassenden Gelegenheiten von Vater als leuchtendes Beispiel dafür, daß man sich das Trinken mit einiger Energie abgewöhnen könne, vorgehalten wurde.

Die Vorbereitungen für den Umzug in die große Stadt, der für den Januar geplant war, hielten vor allem Mutter lange vorher in Bewegung. Sie fuhr mit Vater für einige Tage nach Königsberg, um dort eine passende Wohnung zu suchen und deren genaue Maße aufzuzeichnen, damit man sich mit Möbeln und Gardinen auf das neue Heim rechtzeitig vorbereiten konnte. Aber daneben liefen die Vorbereitungen für das letzte Weihnachtsfest im alten Haus. Sie stellten Mutters Gedanken und vor allem ihre Wirtschaftskasse vor Probleme, deren Lösung sie oft genug verzagen ließ. Irgendwie schaffte sie es dann doch immer wieder, sogar in jenem Jahr, als ihr drei Wochen vor dem Fest die Geldbörse mit mehr als hundert Mark aus der Handtasche gestohlen wurde. Vater begann mit den Vorbereitungen für das Fest schon Anfang September, wenn er von der neuen Honigernte den Bärenfang ansetzte. Auf drei Kilo Honig kamen drei Liter Sprit, das gab einen Gesundheitstrank, der mild durch die Kehle floß und die Beine wegzog, als würde dem, der zuviel davon einnahm, der Teppich unter den Füßen weggerissen. Vater nahm ab und zu eine kleine Probe von seinem Erzeugnis und beurteilte den Stoff mit der gleichen prüfenden Kennerschaft, mit der Winzer am Rhein ihre Fässer überwachen.

Mitte November holte Anna die großen runden Blechbüchsen vom Speicher, und in der Küche begann ein geheimnisvolles, äußerst wohlriechendes Treiben. Gleichzeitig wurde die Doppeltür zum ›Salon‹ zugesperrt. Für vier Wochen entzog sich die prächtige rote Plüschgarnitur aus den achtziger Jahren meinem Blick, und wo ich auch sein mochte, war ich unerwünscht und irgend jemandem im Wege. Die Schwestern durften das Prunkzimmer halbstundenlang betreten, um am Klavier zu üben, Paradestücke aus Salonalben, mit denen sie sich am Heiligen Abend den ergriffenen Eltern und den über soviel Fingerfertigkeit staunenden Großeltern präsentierten. Mir trichterten sie ellenlange Gedichte ein, während sie selber neben ihren Klavierübungen Dinge produzierten, die viel Bewunderung erregten. Lotte verfertigte für Vater und auch für Großvater Heinrich Serviettenhalter, ein grünes Filzband mit zwei Nickelklammern, auf das sie den völlig überflüssigen Wunsch ›GUTEN APPETIT‹ stickte, denn über Mangel an Appetit hatte sich auch Großvater nie zu beklagen gehabt. Else aber hatte zwei Gemälde auf der Staffelei, ein sogenanntes Pendant, einmal eine Frühlingslandschaft mit rosigen Wölkchen, rosig überschäumten Kirschbäumen und klingelnden Enten auf einem perlmuttfarbenen Teich – und ein Winterbild mit tief verschneiten Tannen, einem traulichen Häuschen mit erleuchteten Fenstern und einem rauchenden Kamin.

Und Mutter fand zwischen dem Backen von Pfefferkuchen, Ausstechern, Spekulatius, Mandelplätzchen und Konfekt aller Art, die nach und nach die Blechdosen füllten – Mutter fand zwischen dem Zerwirken eines Schweineviertels, dem Schlachten der Gänse, dem Einkochen von Sülzen, dem Marinieren von Heringen und Rollmöpsen, dem Gelieren von Aalen und Schleien, dem Wurstmachen, dem Pökeln des Schweineschinkens und dem schwierigen Geschäft des Backens von Randmarzipan noch Zeit, um für Vater mit Schnitzmesser, Brenngebläse und Ölpinsel einen kunstvollen Zigarren- und Likörschrank anzufertigen, ein wahres Prachtstück, das in den folgenden Jahren von den Damen ihres Kränzchens oft nachgemacht, aber in dieser hochkünstlerischen Vollendung nie erreicht wurde. Ja, Mutter hatte Phantasie und überraschte Vater jedes Jahr aufs neue, während er ihr alljährlich mit einem feierlichen Gesicht, als entschleiere er das verhüllte Bild zu Sais, einen Topf mit Alpenveilchen, eine neue Handtasche, ein Paar Glacéhandschuhe und eine Flasche Kölnisch Wasser überreichte.

Wie war man aufgeregt, bis endlich im Salon die kleine Stielglocke ihr Geläut ertönen ließ, sich die Doppeltür endlich öffnete und den Blick auf den zimmerhohen Tannenbaum mit seinem strahlenden Kerzenschmuck freigab. Noch waren die Geschenke unter dem Baum mit weißen Tüchern verhüllt. Ernst improvisierte leise am Klavier, es roch so gut nach Wachs und Tannenharz, blaue und rote Glanzpapiere warfen geheimnisvolle Lichter auf die Krippe. Die Großeltern saßen hinter dem Mahagonitisch auf dem roten Sofa, Großvater schnuffelte vor Rührung, und dann verlas Vater von dem Paradepult, auf dem sonst der goldgeschnittene Prachtband ›Preußen und sein Königshaus‹ lag, aus der großen Bilderbibel das Weihnachtsevangelium. Dann setzte Ernst am Klavier mit einem Vorspiel ein, und Vaters orgelnder Baß dröhnte über Mutters Diskant hinweg, zum Glück, denn ihr

gerieten die Tonarten immer ein bißchen durcheinander. Oh du fröhliche, oh du selige – und dann ging es endlich ans Verteilen der Geschenke.
Das war 1910, im letzten Jahr völliger Kinderfreiheit, denn zu Ostern sollte ich auf die Schule kommen. Dieser Heilige Abend hätte für mich fast recht unheilig geendet. Ich bekam meine ersten Schlittschuhe, Wunderwerke der Technik, mit Absatz- und Sohlenverschraubungen, und ich probierte sie sogleich auf dem spiegelblank gebohnerten Boden des Salons aus, während die anderen im Eßzimmer tafelten. Vielleicht rettete mich die Husarenuniform, die mir die Großeltern geschenkt hatten, vor Vaters Zorn über den total zerkratzten Fußboden; denn einem preußischen Husarenoffizier vom Leibregiment des Kronprinzen konnte er als königlich preußischer Beamter nicht ohne weiteres eine Maulschelle verpassen. –
Kurz vor der Abreise nach Königsberg bekam ich meinen ersten Hosenanzug. Bis dahin war ich in den gleichen Kitteln herumgelaufen, die auch die Mädchen trugen. Dort, wo die Bahnhofstraße in den Marktplatz mündete, stand rechterhand das Bekleidungshaus der Herren Becker & Jacoby, ein stattlicher, weiträumiger Bau, der es mit jedem großstädtischen Unternehmen der gleichen Branche aufnehmen konnte. Das Haus führte Robes und Modes für Damen, Herrenkonfektion und Kinderkleidung. Der Becker war Christ, der Jacoby war Jude, aber es hieß allgemein: der größere Jude ist der Becker. Herr Jacoby war nämlich der mehr im Hintergrund wirkende Geldmann und Einkäufer, während Herr Becker das Ladengeschäft und den Verkauf leitete. Es war ein Haus, wie es in seiner Art nur in der Nähe der russischen Grenze bestehen konnte. Man erzählte sich, daß

stets, wenn die auf die Festung Grodno und die Städte Augustowo und Lhomza verteilten Kavallerie- und Artillerie-Regimenter neue Remonten aus den russischen Heeresgestüten bekämen, diese neu angekommenen Remonten über die Grenze getrieben und verkauft würden. Für einen geringen Teil des Erlöses erstände man uralte Kraggen, um in den Regimentsställen die Sollzahl an Pferden vorweisen zu können, während der größere Teil des Geldes bei Becker & Jacoby bliebe. Vater hielt diese hartnäckig auftauchenden Gerüchte nicht für unwahrscheinlich. Bei einem Mordprozeß – der Fall hatte sich an der Grenze zugetragen und ein russischer Waldarbeiter wurde des Notzuchtverbrechens und Mordes an einer Pilzsammlerin beschuldigt – wurde ein russischer Richter aus Bialystok als Sachverständiger und Dolmetscher hinzugezogen. Nach der Verhandlung, die mit einem Todesurteil endete, war der Russe bis zur Abfahrt seines Zuges Gast in unserm Haus. Dabei kamen die Herren auch auf deutsche und russische Beamtengehälter zu sprechen, und der Russe zog respektvoll die Brauen hoch, als er hörte, was Vater an Gehalt zustand. »Bei mir ist es bedeutend wänniger,« sagte er in seinem harten Deutsch, doch dann blinzelte er Vater an, »abberr wir chabben gewisse Näbeneinnammen – Sie verstähen ...!« Vater wagte nach diesen Näbeneinnammen nicht zu fragen, aber er war davon überzeugt, daß drüben nach dem Grundsatz »wer gut schmeert, der gut fährt‹ gerichtet und geurteilt wurde. –

Zu Becker & Jacoby mitgenommen zu werden, war jedesmal ein besonderes Ereignis. Denn dort stand in einem mit Tischen und Polsterstühlen möblierten Nebenraum stets ein Kessel mit heißen Würstchen für die Kunden bereit, heißen Würstchen mit knackender Haut, die es daheim nur zu ganz seltenen Gelegenheiten gab, denn Vater hätte einige Dutzend davon vertilgt. Er war mehr für einen richtigen soliden Ring Knoblauchwurst. Die Damen durften sich während ihrer Einkäufe und Anproben an Kaffee und Torten delektieren. Und hinter diesem Zimmer gab es – oder soll es einen mit den behaglichsten Möbeln ausgestatteten Raum gegeben haben, in dem die russischen Offiziere mit eigenen und fremden Damen bei nächtlichen Einkäufen rauschende Orgien feierten. Tatsächlich waren russische Offiziere mit ihren breitrandigen grünen Mützen und den großen Schulterstücken kein seltener Anblick. Es bestanden freundschaftliche Beziehungen zwischen den benachbarten Garnisonen. Und Damen, die bereit waren, den fremden Kavalieren den Aufenthalt in Deutschland angenehm zu machen und ihnen die Langeweile zu vertreiben, gab es auch. Zwei von ihnen wohnten in unserer unmittelbaren Nähe in der Bahnhofstraße. Ich habe sie allerdings nie zu Gesicht bekommen, denn sie verließen ihre Wohnung nie vor Anbruch der Nacht. Es wurde viel über sie getuschelt. Einmal schnappte ich auf, daß es sich bei ihnen um ›Feuchte Weiber‹ handle, was meine Phantasie anregte, ihnen eine nixenhafte Gestalt und triefende Rocksäume anzudichten. Von Mutter erfuhr ich später, daß sie bildhübsch, hochelegant und so eng geschnürt gewesen wären, daß sie richtige Wespentaillen besessen hätten. In der Hysterie der ersten Kriegstage wurden sie als Spioninnen verhaftet und verschwanden von der Bildfläche.

Königsberg brachte zwar das Erlebnis einer bis dahin unbekannten Sensation, sonst aber bot es mir nichts als Enttäuschungen. Auch die erste lange Eisenbahnfahrt war wenig befriedigend, denn ich mußte stillsitzen und durfte mich nie der Tür nähern; alle taten genauso, als wäre die hohe Quote der Kindersterblichkeit einzig und allein auf das Herausstürzen von Kindern aus fahrenden Zügen zurückzuführen. Dafür durfte ich, endlich am Ziel der Reise angekommen, mit Anna, die einiges Handgepäck und in einem geschlossenen Korb unsern Dittchen trug, auf der vorderen Plattform der elektrischen Straßenbahn direkt neben dem Führer stehen. Das einzige, was mich an ihm störte, war seine graue Straßenbahneruniform mit den dicken Filzstiefeln. Wenn es nach mir gegangen wäre, hätte er einen goldenen Adlerhelm und einen silbernen Küraß tragen müssen. Ich bewunderte ihn hingerissen, wie er Motorwagen und Anhänger mit seiner Kurbel kühn durch die Kurven steuerte und dabei mit der Fußglocke laute Warnsignale abgab, die Fußgänger und Fuhrwerke von den Schienen scheuchten. Die Eltern, die die neue Wohnung wenigstens soweit einrichten wollten, daß sie zum Schlafen bezogen werden konnte, gaben mich bei Tante Minchen, der Witwe von Onkel Benjamin ab, und es gelang mir, die alte Dame zu beschwatzen, mit mir ›Elektrische‹ zu fahren. Sie opferte viele, viele Groschen und den ganzen langen Nachmittag des trüben und naßkalten Januartages dafür. Am nächsten Tag begann sie zu husten, dann bekam sie hohes Fieber und entging nur mit knapper Not einer Lungenentzündung. Das Bett durfte sie erst vier Wochen später verlassen. Sie war eine kleine, korpulente, ungewöhnlich sanftmütige Frau, und sie lebte noch einige Jahre. Mir begegnete sie seit unserer ersten Begegnung mit reservierter Kühle und ließ mich in ihrem Testament, in dem

meine Geschwister reich bedacht wurden, leer ausgehen.
Die neue Wohnung in der Ziegelstraße besaß in den beiden großen Vorderzimmern und im sogenannten Kabinett, einem fensterlosen Raum zwischen Vorder- und Rückfront des Hauses, den sich die Eltern als Schlafzimmer einrichteten, Gasbeleuchtung. Das war eine große Sensation und eine sehr erfreuliche Sache für Anna, die fortan einige Zylinder von Petroleumlampen weniger zu putzen hatte. Ich bekam wieder einmal eindringlich zu hören, daß ich nie und nimmer an den Hähnen drehen dürfe, denn die zweite Ursache für das Hinsterben von Kindern und ganzen Familien schien mit der Gasbeleuchtung zusammenzuhängen. So blieb die Begegnung mit der Straßenbahn für lange Zeit das einzige, was mich mit dem Umzug in die große Stadt versöhnte. Daran änderte auch der Besuch des Tiergartens nichts, denn dort war im Winter nicht viel los; Löwen, Tiger, Affen, Schlangen und Krokodile hatte man in die heizbaren Unterkünfte verlegt, und dort stank es fürchterlich.
Wir bewohnten das Hochparterre eines dreistöckigen Mietshauses. Die Wohnung über uns gehörte Herrn Kliewer, dem Hausbesitzer, der nebenbei eine Versicherungsagentur betrieb. Sein Sohn Alfred, drei Jahre älter als ich und nicht viel größer, dafür aber doppelt so breit, zeigte mir gleich bei der ersten Begegnung, wer hier der Herr im Hause war. Das gab mir Veranlassung, eifrig mit den Hanteln von Ernst zu trainieren, aber trotz allem Body-building gelang es mir in den vier Jahren, die wir in der Ziegelstraße wohnten, nicht, ihn auf die Schultern zu legen. Das ließ eine Wunde in meiner Seele zurück. Im dritten Stockwerk wies ein schlichtes Emailschild Herrn v. Schwarz als

Wohnungsinhaber aus, aber er ließ sich sehr selten in der Wohnung blicken. Ihm gehörte das Rittergut Grünau in der fruchtbaren Pregelniederung, dreitausend Morgen besten Weidelandes, dessen Bewirtschaftung ihn voll in Anspruch nahm. Und außerdem war er Reichstagsabgeordneter. Vater zog vor ihm sehr tief den Hut. In der Wohnung lebten fünf seiner Kinder, vier Söhne und eine Tochter, die von einer würdevollen und strengblickenden Hausdame, Frau John, betreut wurden. Der älteste Sohn trug den weißen Stürmer des Corps Baltia, und der jüngste v. Schwarz war Tertianer auf dem Löbenicht und hielt zu mir trotz meiner Bewunderung für ihn kühle Distanz. Denn einmal erlöste er mich, als ich halberstickt bei Alfred Kliewer im Schwitzkasten hing, und prügelte den starken Alfred windelweich und drohte ihm eine noch fürchterlichere Abreibung an, wenn er ihn noch einmal dabei erwische, daß er einen kleineren und schwächeren Jungen peinige.

Mit den oberen Stockwerken verbanden mich also keine angenehmen oder freundlichen Beziehungen. Um so besser wurden diese im Laufe der Zeit mit Hinterhaus und Keller. In den Keller führte von der Straße eine steile Treppe in die Bierniederlage von Frau Puschke, einer alten zahnlosen Witwe, die nebenbei einen kleinen Handel mit Obst und Gemüse betrieb. Weshalb die Kinder aus der Nachbarschaft sie nur die ›Donnerbuchs‹ nannten, wurde mir bereits bei der ersten Bekanntschaft mir ihr klar. Sie litt unter fürchterlichen Blähungen und tat sich, um sich von den quälenden Winden zu befreien, nicht den geringsten Zwang an. Die dicken, selbstgeschneiderten Röcke aus alten Wolldecken, von denen sie im kalten Keller im Sommer drei und im Winter fünf trug, vermochten den Donnerschall der Entladungen nicht zu dämpfen. Und jedesmal seufzte sie tiefbefriedigt: »All wedder 'ne Doktorrechnung jespart« oder: »Immer raus, was keine Miete zahlt!« – Das Braunbier, ein dünnes Malzgesöff, füllte sie selber ab, indem sie den Gummischlauch, der aus dem Spundloch des Fasses hing, ansaugte und das Bier in die Flaschen oder Kannen rinnen ließ. Es dauerte nicht lange, bis ich ihr Vertrauen in so hohem Maße gewann, daß sie mich dieses wohlschmeckende Geschäft besorgen ließ, ja, sie vertraute mir nicht nur den Bierverkauf, sondern auch den Handel mit Obst und Gemüse an. Zumeist war Meta Dalgahn aus dem Hinterhaus dabei, die mich nach anfänglicher Eifersucht bei Frau Puschke eingeführt hatte, denn bis dahin durfte sie das Abfüllen des Braunbiers allein besorgen. Metas Vater war Lokheizer und kam nur zum Schlafen heim. Mutter Dalgahn betrieb im Hinterhaus eine Wäschemangel, einen riesigen Apparat mit zentnerschweren Walzen, die durch eine Kurbel in Bewegung gesetzt wurden. Es kribbelte im Magen, wenn man sich an die Kurbel hängte und von ihrem Schwung hoch und herum reißen ließ, aber die größte Anziehungskraft, die mich immer wieder in die feuchtwarme Mangelstube lockte, besaßen die dick mit Zucker bestreuten kalten Kartoffelpuffer, die sich zu jeder Tageszeit in einem Teller auf dem Fensterbrett stapelten. Wenn sie zur Neige gingen, überließ Frau Dalgahn die Mangel einem der Dienstmädchen, die neue Bügelwäsche brachten oder fertige abholten, stellte sich an den Herd und backte einen neuen Vorrat.

Dem Dittchen ging es nicht anders als mir. Er schlich auf seinen krummen Beinen kummervoll dahin und verzehrte sich in Heimweh und Sehnsucht nach dem

Bouvainschen Hof und nach den Stallungen mit dem herrlichen Geruch nach Pferdemist und nach den Katzen, die er kläffend ins Gebälk hochgejagt hatte. Was bot sich ihm hier schon an Abwechslungen? Das war doch kein Hofplatz, das war ein von grauen Häusern und einer Mauer umpferchtes enges Kiesquadrat, in dessen Mitte ein Walnußbaum verkümmerte und an dessen Mauer stinkende Müllkästen aus Beton standen, die alle vierzehn Tage geleert wurden. Nie verirrte sich ein anderer Hund auf diesen Hof, und auf die Straße durfte Dittchen nicht hinaus, weil er dort womöglich von einem Radler oder von einem Fuhrwerk überfahren werden konnte. Unser Dittchen kümmerte dahin, er fraß lustlos wie in seinen schlimmsten Säufertagen, und eines Tages, nicht lange nach Pfingsten, fand Anna den Dittchen tot und steif in seinem Korb. Ich weinte ihm tagelang nach, und Anna sagte zu Mutter: »Der Dittchen, gnä' Frau, is an nuscht anderm als am Heimweh jestorben, und wenn Sie nich bald was tun, dann jeht uns unser Jungchen auch noch ein – und wo er sich doch so auf die Schule jefreut hat...«

Mit der Schule war nämlich etwas schiefgegangen. Vater hatte gehofft, mich zu Ostern in der Vorschule des Friedrichskollegiums, eines Gymnasiums, das in der Nähe unserer Wohnung lag, unterbringen zu können. Aber ich war für die Aufnahme in die Nona drei Monate zu jung, und man hatte Vater geraten, mich für den Michaelis-Cœtus anzumelden, denn im Fridericianum gab es Parallelklassen, von denen eine den Schulbeginn zu Ostern und die andere im Herbst aufnahm. Mutter war zwar davon überzeugt, daß der Dittchen an einem der Köder gestorben war, die unser Hauswirt für die Ratten auslegte, denn im Nachbarhaus befand sich eine Bäckerei, deren Mehlvorräte Ratten und Mäuse anlockten. Aber sie setzte sich hin und schrieb den Großeltern einen Brief, in dem sie auch Annas Befürchtungen für meine Gesundheit erwähnte und nicht mitzuteilen vergaß, daß sich der Schulbeginn für mich bis zum Herbst verschoben habe. Die Antwort aus Lyck ließ nicht lange auf sich warten, und tags darauf packte Mutter einen kleinen Koffer mit meinen Habseligkeiten und brachte mich zu den Großeltern. Großvater erwartete uns auf dem Bahnsteig, und ich stürzte heulend vor Glück in seine Arme.

»Na, nun hör schon auf zu weinen, Jungchen«, sagte er, »sonst schmeckt dir womöglich vor lauter Salz das Zuckerei nicht, mit dem Oma auf dich wartet.« Sie erwartete mich tatsächlich mit der großen Goldrandtasse in der Hand, die bis zum Rand mit einem so steif geschlagenen Zuckerei gefüllt war, daß der Löffel darin stand. Kein Mensch auf der Welt machte das Großmutter nach, und kein Mensch brachte solch einen köstlichen Geschmack zuwege. Sie schlug und klopfte das Ei in der Tasse aber auch eine gute halbe Stunde lang und fügte zum Schluß noch einen Teelöffel Vanillezucker und einen Fingerhut voll Rum dazu. Das gab dem schaumigen Genuß erst die pikante Würze.

Mutter verließ uns nach wenigen Stunden und fuhr mit dem letzten Zug nach Königsberg zurück, nicht, ohne mich eindringlich ermahnt zu haben, mich manierlich zu betragen. Auch die Großeltern hatten inzwischen eine neue Wohnung bezogen. In der alten hatten sie im zweiten Stockwerk gewohnt, aber so viele Stufen zu steigen war Großvater zu mühsam geworden, und so waren sie ins erste Stockwerk eines

Hauses übersiedelt, das in einer ruhigen Nebenstraße der Bahnhofstraße hinter der Post lag. Großvater hatte es weder zu seiner Stammkneipe bei Bienkowski, wo er seinen Frühschoppen nahm, noch zur Konditorei von Cabalzar, wo er abends sein Schlummertulpchen schlürfte, allzu weit. Er nahm mich zum Frühschoppen und zum Abendtrunk mit; bei Bienkowski bekam ich eine Limonade, und bei Cabalzar durfte ich zwischen Florentinern, Napoleonschnitten oder Liebesknochen wählen. Zu unserer alten Wohnung und zum Bouvainschen Hof, wo ich die alten Freunde wiederfand, war es ein Katzensprung. Nur Herr Bouvain selbst erschreckte mich beim ersten Wiedersehen, denn so grauslich hatte ich seine Nasenlöcher nicht in Erinnerung; aber ich gewöhnte mich rasch wieder an seinen Anblick.

Leider unterbrach ein Zwischenfall, der für Großmutter sehr unangenehme Folgen hatte, schon nach wenigen Wochen die glücklichen Tage. Wie Großvater mich in seine Stammlokale mitnahm, so durfte ich Großmutter bei ihren Einkäufen und Besorgungen begleiten, und auch dabei fiel oft etwas für mich ab. Auf dem riesigen Marktplatz fand an jedem Mittwoch der Wochenmarkt statt. Hunderte von Bauern aus der Umgebung verkauften hier von ihren Wagen herab Butter, Eier, Geflügel, Käse, Kartoffeln, Obst, Gemüse und Fische. Großmutter ging von Stand zu Stand, nahm mit dem Daumennagel Butterproben, fand eine zu sauer und die andere zu stark gesalzen und ließ sich Zeit, ehe sie sich zum Kauf entschloß. Ich probte eifrig mit, besonders, wenn es um den Einkauf von Käse ging, wobei man Probeschnitten von einer Größe zugereicht bekam, die die Tagesration an Käse eines kalorienbewußten und infarktängstlichen Zeitgenossen unserer Tage weit übersteigen würde. Zum Schluß kaufte Großmutter einen großen Hecht, den sie uns, mit Speck gespickt, Kräutern gefüllt und Sahne übergossen, backen und zum Mittagessen vorsetzen wollte. Als sie ihn daheim auf dem Küchentisch ausnahm und schuppte war der Hecht leider nicht so tot, wie er es hätte sein sollen. Er schnappte zu und biß Großmutter mit seinen dolchartigen nadelspitzen Zähnen tief in den Daumen. Großmutter wusch die blutende Wunde mit essigsaurer Tonerde aus und wikkelte einen Lappen darüber. Der Hecht geriet ihr ausgezeichnet, wir verspeisten ihn mit Appetit, und Großvater holte aus dem Kopf des Hechtes die ganzen Marterwerkzeuge heraus, die in der Passionsgeschichte eine Rolle spielen, die Dornenkrone, das Kreuz, die Nägel, den Hammer und die Lanze, mit der der Kriegsknecht dem Gekreuzigten die Seite geöffnet hatte. Am Abend aber begann Großmutters Daumen zu schmerzen, und nach einer schlaflosen Nacht entdeckte sie am nächsten Morgen rote Streifen auf ihrem Arm, die sich bis zum Ellenbogen hinaufzogen. Es wurde eine schlimme Blutvergiftung daraus, so schlimm, daß der Sanitätsrat Wollschläger Großvater darauf vorbereitete, Großmutters Arm müsse womöglich bis zum Ellenbogen abgenommen werden. Der Arm wurde ihr nicht abgenommen, aber sie lag vierzehn Tage im Krankenhaus und mußte den Arm, als sie herauskam, noch lange in der Schlinge tragen, denn der Sanitätsrat hatte am Daumen erheblich herumgeschnippelt.

Großvater war völlig durcheinander. Daß so etwas seinem Krümelchen passieren mußte! Er sprach es nicht aus, aber man sah ihm an, was er dachte: daß sie ihm so was antat! Er schlich grämlich herum und bedauerte sich selbst am meisten. Und was sollte er nun mit mir anfangen? Es gab eigentlich nur zwei Möglichkeiten, entweder mich zu den Eltern zurückexpedieren oder – ein guter Einfall – mich nach Kallinowen zu schicken. Von den vielen Kindern, die Großmutter ihrem Bärchen geschenkt hatte, waren fünf am Leben geblieben: meine Mutter, ihre Schwestern Elma und Grete und zwei Brüder Walter und Eduard. Von Eduard, der nicht gut getan hatte und nach Amerika ausgewandert oder abgeschoben worden war, wurde nie gesprochen. Er blieb verschollen.

»Weißt du was, Jungchen«, sagte Großvater, »ehe wir hier alle beide verhungern, gehst du für ein Weilchen zu deiner Tante Elma nach Kallinowen. Na, was sagst du dazu?« Vor die Wahl gestellt, nach Kallinowen zu fahren oder an Großvaters Seite eines schrecklichen Hungertodes zu sterben, zog ich den Besuch bei Tante Elma vor. Aber Großvaters Vorschlag war leichter ausgesprochen als ausgeführt, denn nach Kallinowen bestand keine Bahnverbindung, und Großvater mußte seine Beziehungen ausspielen, um mich zu verfrachten. Schließlich stellte ihm einer seiner Freunde, der Sägewerksbesitzer Caspary, Pferd und Wagen zur Verfügung, mein Köfferchen wurde wieder gepackt, und frühzeitig am nächsten Morgen setzte Großvater mich neben sich auf den Bock und kutschierte den leichten Einspännerwagen zur Stadt hinaus. Am Südufer des Großen Sellmentsees entlang ließ Großvater den Braunen dahintraben. In Borzymmen brachte Großvater den Wagen vor dem Dorfkrug zum Stehen, das Pferd wurde getränkt, und Großvater spülte ein gewaltiges Bauernfrühstück, Eier und Speck auf Bratkartoffeln, mit einigen Flaschen Bier hinunter. So kamen wir gerade rechtzeitig zum Mittagessen in Kal-

linowen an, wo Großvater seiner Tochter Elma von Großmutters Mißgeschick mit dem Hecht und von seinen eigenen Nöten erzählte und es unter diesen Umständen wohl für selbstverständlich hielt, daß ich Tante Elma hochwillkommen sei. Ich war dessen nicht so sicher wie er. Sie erwartete nämlich, was Großvater total vergessen hatte oder vergessen wollte, ihr erstes Kind, nicht gerade in den nächsten Tagen, aber doch schon deutlich vorhanden.
Auf das Mittagessen mußte Großvater verzichten, denn Tante Elma hatte nichts gekocht, da ihr Mann mit dem Tierarzt Bolutus in Geschäften unterwegs war. Das Angebot, ihm mit einem Bauernfrühstück aufzuwarten, schlug er dankend aus, denn solch eins hatte er gerade hinter sich. So fuhr er, wenn auch nicht gerade mit knurrendem Magen, aber doch leicht verstimmt nach Lyck zurück, um das Fuhrwerk wie verabredet am späten Nachmittag bei Herrn Caspary abzuliefern. Tante Elma hatte, zwei Jahre, bevor Mutter in den Ehestand getreten war, Herrn Aurel Stark geheiratet, dem sie in der Lycker Apotheke begegnet war, wo er als Provisor wirkte. Bald nach der Hochzeit hatte er sich selbständig gemacht und eine Apotheke in Kallinowen eröffnet. Ob es heute noch auf Apotheker zutrifft, wage ich nicht zu entscheiden, aber früher sagte man ihnen nach, daß die meisten von ihnen ein lockeres Schräubchen im Kopf hätten. Bei Onkel Aurel waren mehrere nicht fest angezogen.
Er war ein großer schlanker Mann mit einem scharf gezogenen Mittelscheitel, einem hochgezwirbelten Schnurrbart, einer gewaltigen Nase und einem von Schmissen zerhackten Gesicht. Die Apotheke hatte er in einem Haus an der Dorfstraße eingerichtet, das

vordem ein Gasthaus gewesen war. Der Inhaber hatte sich zu Tode getrunken, was dem Besitzer des zweiten Kallinower Gasthofs, Herrn Leitner, der nebenher auch noch einen Kolonial- und Eisenwarenhandel betrieb, nicht unlieb gewesen sein konnte, denn seine Monopolstellung hatte ihn zu einem wohlhabenden Mann gemacht. Auf dem Hause von Onkel Aurel ruhten noch die alten Schankgerechtsame, und sie erloschen nicht, wenn er nachweisen konnte, daß er irgendwann im Jahr irgendwelchen Leuten einen Schnaps gegen Bezahlung ausgeschenkt hatte. Da die Apotheke im Anfang gar nicht gut ging, spielte Onkel Aurel mit dem Gedanken, Gasthof und Kneipe wieder zu eröffnen und kredenzte einigen Bekannten alljährlich am Neujahrstag einen Schnaps, den er sich mit einem Pfennig vergüten ließ, dessen Bezahlung ihm aber die Gäste unterschriftlich quittieren mußten. Er hielt an diesem Brauch auch noch fest, als es ihm besser und schließlich sogar gut ging, denn inzwischen fabrizierte er in einem der sonst ungenutzten Ställe ein Mittel gegen Kälberdurchfall, das sein Freund, der Tierarzt Bolutus, den Bauern im ganzen Landkreis und über dessen Grenzen hinaus empfahl, so daß es ihm einen Haufen Geld einbrachte. Tante Elma war über diese Freundschaft zu dem Tierarzt, die beide Herren weit im Lande herumführte, nicht sehr glücklich, denn der Tierarzt soff, wie man bei uns zu sagen pflegte, ›Steine aus der Erde‹.

Ich hielt Onkel Aurel für einen unermeßlich reichen Mann, denn Tante Elma beschäftigte nicht nur ein Dienstmädchen, sondern gleich zwei, dralle, junge Marjellen, von denen eine Vera und die andere Julenka hieß. In jenen Kallinower Tagen rissen mich zuweilen seltsame Geräusche aus dem Schlaf, denen ich mehr interessiert als ängstlich nachlauschte, polternde Tritte, Gekreisch aus der Mädchenkammer, lautes Türenschlagen, das Klirren von Scherben, und einmal ein Schuß aus Onkel Aurels Jagdgewehr, den irgend jemand wahrscheinlich zur Kundgebung seiner Freude abgefeuert hatte. Am nächsten Morgen fragte mich Tante Elma mit verquollener Stimme, ob ich etwas gehört hätte, und als ich ihre Frage bejahte, da schärfte sie mir ein, daß ich um Himmels willen kein Wort davon den Großeltern oder den Eltern in Königsberg erzählen solle. Daheim nannten sie den Onkel Aurel, so oft auf ihn die Rede kam, nur den Aurelius Piepus, was in meinen Ohren recht scherzhaft klang, und so war ich davon überzeugt, daß es nur scherzhafte Dinge sein könnten, die er mit seinem Freund Bolutus nächtlicherweile in der Mädchenkammer anstellte.

Allzu häufig bekam ich ihn in Kallinowen nicht zu sehen, denn er war zu Werbekampagnen für sein Kälber-Durchfall-Mittel oft unterwegs. Diese Fahrten führten ihn bis nach Drygallen und sogar bis nach Marggrabowa hinauf, und dort kehrte er mit seinem Freund Bolutus an einem Markttag – der Ort besaß den größten Marktplatz von ganz Deutschland – im Hotel Piontek ein, um zu Mittag zu essen. Vor dem Essen trank man ein Schnäpschen, und eins während des Essens, und eins darnach, und weil man schon dabei war und am frühen Nachmittag ohnehin nichts Rechtes zu tun hatte, blieb man in der Gaststube sitzen. Schon zur Mahlzeit hatte sich der verwitwete und pensionierte Volksschulrektor Perkun zu ihnen gesellt, ein großer Tierfreund und Züchter von Vorstehhunden, der außer seinen Hunden einen sprechenden Papagei und einen Esel besaß. Und wie es sich so ergab, kamen die Herren auf Fütterungsprobleme, Kälberdurchfall, Welpenaufzucht und schließlich auch auf den Esel zu sprechen, über dessen Risthöhe es zwischen dem alten Rektor und dem Tierarzt zu Meinungsverschiedenheiten kam. Der Rektor Perkun, dem der Esel schließlich seit fünf Jahren gehörte und der ihn auf Grund dieser langen Bekanntschaft genau zu kennen behauptete, schwor darauf, daß der Esel im Rist handbreit höher als der Tisch sei, an dem die Herren saßen. Der Tierarzt Bolutus hingegen, der es ja von Berufs wegen wissen mußte, ließ es sich nicht nehmen, daß der Esel höchstens so hoch wie der Tisch, wenn nicht sogar fingerbreit kleiner sei. Onkel Aurel, der endlich zu einem Skat kommen wollte, beschloß, dem Streit ein Ende zu machen, er winkte den Hausknecht heran und befahl ihm kurzerhand, das Objekt des Streites herbeizuholen. Während der Hausknecht unterwegs war, wetteten Rektor und Tierarzt in eigensinniger Verbissenheit um drei Lagen Grog auf tischhoch oder darüber. Bald darauf traf der Hausknecht mit dem Esel ein, und da die Gaststube zu ebener Erde lag, der Esel fromm und die Herren die einzigen Gäste im Raum waren, bestanden keine Bedenken, die Probe aufs Exempel im Lokal vorzunehmen. Der Esel wurde also an den Tisch geführt und – gelernt ist eben gelernt! – der Doktor gewann die Wette, denn der Esel reichte nicht einmal an die Tischplatte heran. Die erste Lage des verwetteten Grogs rollte an, und während die Herren sich zuprosteten, stand der Esel brav und stumm zwischen ihnen und wurde von Herrn Bolutus zum Lohn dafür, daß er ein Esel von Normalmaß war, mit Würfelzucker gefüttert. Den Grog tranken die Herren ohnehin ungezuckert.

Indem ging die Tür der Gaststube auf, und der Bezirksbauinspektor Kapust trat ein. Da er allen drei Herren wohlbekannt war und mit ihnen schon manchen Skat gedroschen hatte, nahmen sie an, daß er sich zu ihnen setzen werde. Er trat auch einen Schritt näher, dann aber stutzte er, fuhr sich über die Augen, wurde blaß, murmelte einen flüchtigen Gruß, machte kehrt und verschwand aus dem Lokal. Die Herren fanden dieses Benehmen ausgesprochen ungehörig und fragten einander, ob einer von ihnen etwa in letzter Zeit mit dem Kreisbauinspektor einen unangenehmen Auftritt gehabt habe. Aber keiner war sich einer Schuld bewußt.

Etwa eine Woche später begegneten Onkel Aurel und der Tierarzt Herrn Kapust in Neuendorf wieder, fingen ihn ab und wollten ihn wegen seines merkwürdigen Verhaltens zur Rede stellen. Am besten, man bereinigte die Geschichte bei einem Bierchen, aber der Inspektor sträubte sich heftig gegen den Kneipenbesuch, was wiederum Onkel Aurel und Tierarzt Bolutus so seltsam, wenn nicht gar beleidigend fanden, daß sie den Bauinspektor hart bedrängten, jetzt müsse er mit der Sprache heraus, was er gegen ihre Gesellschaft einzuwenden habe.

»Doch nichts gegen Sie persönlich, meine Herren!« murmelte Herr Kapust unglücklich und verstört, »es ist eine ganz andere Geschichte – und schön, wenn Sie mich so bedrängen, dann muß ich Ihnen wohl sagen, worum es geht, aber nur unter der Bedingung, daß die Sache unter uns bleibt! Ehrenwort?«

»Ehrenwort!«

»Also hören Sie, Sie wissen ja, wie das in meinem Beruf zugeht. Da ist hier ein Neubau zu besichtigen, und dort ein anderer, und hier soll man einen Bauplan prüfen, und dort einen baufälligen Stall untersuchen, und dazu kommen die Richtfeste, und überall wird man eingeladen, na schön, und so kippt man hier einen Schnaps, und dort einen, und beim dritten und vierten sagt man leider auch nicht nein, und so geht die Leier jahraus und jahrein ... Also, meine Herren, um es kurz zu machen: als ich neulich beim Piontek in Marggrabowa in die Gaststube komme und Sie beide und den alten Rektor Perkun vor mir sitzen sehe und gerade zu Ihnen gehen und Sie begrüßen will, was glauben Sie, was ich da zwischen Ihnen stehen sehe? Nein, Sie können es nie im Leben erraten – einen Esel! Grau vom Kopf bis zum Schwanz! Einen zuckerfressenden Esel!! Verstehen Sie nun, was ich mir feierlich geschworen und bis zum heutigen Tag gehalten habe? Von dem verfluchten Schnaps kommt mir kein Tropfen mehr über die Lippen!«

Kallinowen war ein großes Dorf mit einer wehrhaften, von dicken Mauern umgebenen Kirche, in deren Schutz und zu deren Verteidigung sich die Dorfbewohner und Bauern der nahen Umgebung bei früheren Polen- und Tatareneinfällen geflüchtet hatten. In dieser Wehrkirche wirkte in der zweiten Hälfte des achtzehnten Jahrhunderts der Pfarrer Michael Pogorcelski; er war hier auch gestorben, und sein Grabstein mit den Daten seines Lebens 1740–1798 stand über seinem von seinen Nachfolgern im Amt liebevoll gepflegten Grabhügel. Ein Original, das mit Anekdoten aus seinem Leben und mit seinen Predigten und Gedichten weit über das Dorf hinaus in der ganzen Provinz in lebendigem Gedächtnis geblieben war. Ein Zeitgenosse des schwäbischen Pfarrers Michael von Jung, der seine verstorbenen Gemeindemitglieder mit todernst gemeinten, aber hinreißend komischen Balladen zu Gitarrenbegleitung im 6/8-Takt unter die Erde brachte. Wenn es auf Prioritätsrechte ankäme, dann ständen sie sogar dem Pfarrer aus Kallinowen zu, denn immerhin dichtete er seine nachdenklichen Strophen dreißig oder vierzig Jahre vor seinem schwäbischen Amtsbruder.

Ich saß in Dunkelheiten
und dacht an Ewigkeiten.
Da kam ein Wanzker bunter
ganz keck an Wand herunter,
kam nah mir vors Gesicht,
da macht ich dies Gedicht.

Wir Menschen sind wie Wanzker,
oft keck, oft ohn Courage,
sind rechte dumme Hansker
und doch von hoch Etage
die gern sich mögen zeigen
als wärn sie Wunder was –
und ist doch still zu schweigen
von solchem Hoheitsspaß.

Heißt mancher groß und edel
der stolz herumspaziert
und hat doch nichts im Schädel
von Tugend nix passiert.
Denn wenn man recht drauf achtet
ist's kein Johannswurm nicht,
vielmehr, nahbei betrachtet
kommt Wanzker vors Gesicht.

Drum Mensch, laß dir nicht blenden
von solcher Gloria,
merk, wie sich bald wird wenden
die ganz Historia.

In kurzem gehts bergunter
denn Menschenleben rennt,
oft ist man fix und munter –
und wie siehts aus am End?

Einst kommen Ewigkeiten!
Wohl dem, der wenn Tod winkt
hat Wohlgeruch bei Leuten
und nicht wie Wanzker stinkt!

Am berühmtesten aber waren doch Pfarrer Pogorcelskis Predigten gegen die Trunksucht. Großvater, ein Gesellschaftsmensch, hatte es mit ihrem Vortrag zur Meisterschaft gebracht und erzielte seine größte Wirkung dadurch, daß er in sein breites Ostpreußisch masurische Sprachbrocken mischte. Zum besseren Verständnis werde ich die Predigt ohne Großvaters masurische Extrawürze vortragen:
Liebe Gemeinde! Aus gegebenem Anlaß muß ich an diesem heiligen Sonntag Okuli wieder einmal über das elfte Gebot reden, das der Herrgott seinem Diener Moses auf dem Berg Sinai auf die Gesetzestafeln geschrieben hätte, wenn er euch Halunken gekannt hätte – das Gebot, das da lautet: Du sollst nicht saufen! Gewißlich hat unser Herrgott nichts dagegen, daß der Mensch, ob Mann oder Weib, nach dem Erwachen zur Stärkung des Leibes und der Seele einen Schnaps trinkt. Und wenn er den Morgenimbiß mit einem oder zwei Schnäpschen anfeuchtet, so wird unser Herrgott beide Augen zudrücken. Und ER wird es seinen Geschöpfen auch nicht mißgönnen, wenn sie bei der schweren Feldarbeit ab und zu einen Schluck aus der Flasche nehmen. Der liebe Gott und Vater weiß auch, daß zu einem fetten Mittagsmahl einige Gläschen gehören, denn sie fördern die Verdauung.

Und so kann der Schnaps, in vernünftigen Mengen genossen, dem Menschen auch bei der Schweinevesper am Nachmittag nur nützlich sein. Gleichermaßen gehört die Flasche zur Anregung des Appetits und zur Kräftigung der Körpersäfte auf den Abendbrottisch. Und nicht einmal der Herrgott wird es einem Christenmenschen verwehren, vor der Nachtruhe einen kräftigen Schlummertrunk zu nehmen, der den Magen besänftigt und die bösen Triebe dämpft. Aber zum Donnerwetter, ihr Hundsfötter, muß das denn gleich zum Saufen ausarten?! Und nun geht im Namen des Herrn in Euch, wie ich vor *dem* Herren in mich gegangen bin – Amen.

Man erzählte nämlich, Pfarrer Pogorcelski habe diese bemerkenswerte Predigt in Anwesenheit eines höheren Synodalen gehalten, den ihm das Konsistorium zur Visitation und Berichterstattung geschickt hatte, nachdem er einige Male während voraufgegangener Predigten betrunken von der Kanzel gefallen war. –

Was Tante Elma veranlaßte, mich nach wenigen Tagen aus der Apotheke aus- und bei Leitners einzuquartieren, ist mir erst in späteren Jahren klar geworden. Ich hatte gegen die Verlegung nichts einzuwenden, denn es grauste mir ein wenig vor Tante Elmas Küche, nachdem ich in der Vanillesoße zu einem Himbeerpudding mehr tote Fliegen als Vanillestückchen entdeckt hatte. Außerdem aber waren inzwischen die Sommerferien angebrochen, und eine Schwester von Herrn Leitner war mit ihren beiden Kindern aus Angerburg zu Besuch gekommen. Der Martin und die Selma waren ein wenig älter als ich und gingen schon zur Schule, aber sie nahmen mich in Gnaden auf, weil sie ein Kasperle-Theater aus Angerburg mitgebracht hatten und in mir einen dankbaren

Zuschauer fanden. Ich zahlte das Theaterabonement mit Lakritzenstangen und Laxinkonfekt, das ich aus Onkel Aurels Apotheke klaute; es waren kleine, in Blechschachteln verpackte Geleehütchen mit einem angenehmen Fruchtgeschmack. Daß es sich bei diesem Konfekt um ein höchst wirksames Abführmittel handelte, haben wir zwar zu spüren bekommen, aber nie auf die schmackhaften Geleehütchen zurückgeführt. Ich fühlte mich bei Leitners bald wie zu Hause und wurde von ihnen behandelt, als gehörte ich zur Familie. Herr Leitner war nicht nur Gastwirt, Kolonial- und Eisenwarenhändler, er unterhielt auch einen Fuhrbetrieb, besaß im Dorf die größte Landwirtschaft und war in einem Wald, der sich bis zur russischen Grenze hinzog, Jagdherr. Er nahm uns Kinder in seinem leichten Wagen mit, wenn er zur Vorbereitung der Herbstjagd vom Hochsitz aus den Rehbestand inspizierte, er zeigte uns, wie man mit einem gegabelten Stock Kreuzottern fing, und wir durften auf den Leiterwagen klettern, wenn Grummet und Roggen eingefahren wurden.

An einem heißen Julitag veranstaltete er eine Waldpartie, an der auch Tante Elma trotz ihres vorgerückten Zustandes teilnahm. Frau Leitner konnte nicht mitmachen, da einer von der Familie schließlich daheim die vielfältigen Geschäfte weiterführen mußte. Dafür war die Mutter von meinen Freunden Martin und Selma dabei, und der Kallinower Pfarrer mit seiner Frau und seinen drei Kindern. Quer über den Leiterwagen waren Bretter geschlagen, der Wagen mit Tannengrün und Birkenzweigen geschmückt, die Pferde hatten Glöckchen am Kopfgeschirr, und unter dem breiten Kutschbrett standen Körbe mit Flaschen, Schüsseln voll Heringssalat und Pakete mit belegten

Broten. Wir Kinder hatten leere Milchkannen dabei, in die wir Erdbeeren sammeln sollten, denn als Krönung des Waldfestes wollte Herr Leitner eine Erdbeerbowle ansetzen. Die Sonne stach schon beim Aufbruch so heiß vom Himmel hernieder und die Luft war so drückend schwül, daß Herr Leitner das Heraufkommen eines Gewitters befürchtete und statt des vorgesehenen Zieles, einer Waldwiese, es vorzog, bei einem Schuppen zu halten, in dem seine Waldarbeiter bei schlechter Witterung Unterschlupf fanden. Es lagen auch Holzvorräte darin, und ein roher Dachboden, zu dem eine Leiter hinaufführte, war mit Heu vollgestopft, das für die Winterfütterung des Rotwildes gelagert wurde. Herr Leitner schirrte die Pferde aus und ließ sie grasen, denn zwischen dem Blaubeerkraut gab es einige fette Grasinseln. Wir Kinder machten uns auf die Erdbeersuche, und die Frauen breiteten unweit des Schuppens weiße Tücher auf dem Waldboden aus und holten die Vorräte vom Wagen.
Herr Leitner merkte als erster, daß irgend etwas nicht stimmte. Das Verhalten der Pferde machte ihn stutzig. »Ich weiß nicht, was die Gäule haben,« sagte er, »sie drehen die Ohren, als ob ihnen etwas nicht ganz geheuer ist – und das Licht ist auf einmal auch so komisch... Ich weiß nicht, aber ich glaub', ich spanne die Pferde lieber ein, ehe sie mir womöglich noch durchgehen,« und er ging, um die Pferde wieder einzufangen und vor den Wagen ins Geschirr zu hängen. Die langen Zügel verknotete er an einem Baum. Das Licht hatte sich wirklich seltsam verändert. Sogar wir Kinder merkten es, obwohl die Helligkeit kaum abnahm, aber die Bäume warfen keinen Schatten mehr. Es war eine beklemmende Stimmung, und wir gingen mit den wenigen Erdbeeren, die wir bis dahin

gepflückt hatten, zum Schuppen zurück. Der Pfarrer rätselte, ob es sich um eine Sonnenfinsternis handeln könne, aber Herr Leitner schüttelte den Kopf und meinte, so was stände im Kalender oder man hätte das sonst irgendwie erfahren. Und während die Pferde immer unruhiger wurden und sich aneinander drängten, vernahmen auch wir, was sie wohl schon seit längerer Zeit hörten, ein unerklärliches Geräusch, das sich wie das Rumpeln eines schwer beladenen Wagens anhörte, der in weiter, sehr weiter Entfernung über eine Bohlenbrücke fuhr. Und dann begann die Sonne sich zu verfinstern. Es war, als sinke die Dämmerung schon in dieser frühen Nachmittagsstunde auf die Erde herab. Und während der Himmel sich grauschweflig verfärbte, begannen die Wipfel der hohen Tannen zu zittern, als würden sie von leichten Windstößen geschüttelt, von denen unten noch nichts zu merken war. Nur das Rumpeln näherte sich und wurde lauter. Es kam aus fernen Höhen heran, klirrend und polternd, als schöben sich in eisigen Winternächten vom Ostwind gepreßt die Eisschollen des Spirdingsees übereinander. Und plötzlich war es Nacht, stockfinstere Nacht, die nur gelegentlich von einem fernen Wetterleuchten aufgehellt wurde. Wir hatten uns unter das Vordach des Schuppens geflüchtet. Herr Leitner war zu den Pferden gelaufen und versuchte sie zu beruhigen, aber sie zerrten am Geschirr und gebärdeten sich so wild, daß er sie losmachte, denn er befürchtete, sie könnten den Wagen zerschlagen und sich bei ihren Ausbruchversuchen verletzen. Sie stoben davon und verschwanden im Dickicht des Waldes. Das Poltern am Himmel war inzwischen zum ohrenbetäubenden Getöse angeschwollen. Ich klammerte mich an Tante Elmas Rock und sah im Licht der niederzuckenden Blitze, daß sie die Hände gefaltet hatte und betete. Was blieb mir in meiner Angst anders übrig als auch zu beten, wie der Pfarrer, wie seine Frau und wie seine Kinder, nur fiel mir nichts anders ein als: Komm, Herr Jesus, sei unser Gast... Mitten im Weltuntergang, in einem eisigen Weltuntergang, denn es hagelte nicht etwa, sondern als ob das Himmelsgewölbe geborsten sei, stürzte Eis auf die Erde herab, Eisbrocken, die die Kronen der Tannen zerfetzten, niederbrechen ließen und die Stämme bis zum Bast schälten. Das Niederkrachen entwurzelter Bäume hörte man in dem Toben nicht, aber Herr Leitner zerrte uns in den Schuppen hinein, wohl in der Hoffnung, daß das Preßheu über unseren Köpfen den Aufschlag eines niederbrechenden Baumes mildern könne.

Ich weiß nicht mehr, wie lange das Unwetter andauerte und wie hoch das Eis, von Tannennadeln grünlich verfärbt und mit Astwerk zusammengebacken, sich um die Holzhütte türmte. Ich weiß auch nicht mehr, wie wir nach Kallinowen zurückgekommen sind. Keinesfalls mit dem Wagen, mit dem wir in den Wald gefahren waren, denn die Pferde waren vom Eis und von stürzenden Stämmen erschlagen worden, erschlagen wie das Vieh, das auf den Wiesen geweidet hatte. Ich weiß nur, daß in Kallinowen selber kein einziges Hagelkörnchen gefallen war und daß wir Kinder, noch immer am ganzen Leibe zitternd, Tee mit Rum eingeflößt bekamen und in die Betten gesteckt wurden.

In den zwanziger Jahren erregte ein Buch Aufsehen, dessen Titel ›Glazialkosmogonie‹ hieß und als Verfasser einen Ingenieur namens Hörbiger hatte; er war Vater von zwei Söhnen, die einmal als Schauspieler berühmt werden sollten. Hörbigers Buch wurde viel diskutiert und ernsthafter, als es heute etwa mit Dänekens Phantasmagorien geschieht. Hörbiger hatte als Ingenieur mit Hochöfen zu tun und dabei die Entdekkung gemacht, daß Eis von hohen Kältegraden, in die Glutflüssigkeit eines Hochofens geworfen, so lange in der Glut ruhte, bis es durch eine äußere Einwirkung sozusagen herausexplodierte. Auf Feuer und Eis begründete er seine Kosmogonie, in der er behauptete, daß im Kosmos herumirrende Eiskörper von Fixsterngröße von einem glühenden Zentralgestirn eingefangen worden seien und, von dieser Zentralsonne durch ein kosmisches Ereignis ausgestoßen, zur Bildung unseres Planetensystems geführt hätten. Seine Theorie wurde von den Fachgelehrten verworfen. Was aber mich persönlich an seinem Buch faszinierte, waren ein Bericht und eine Karte, die sich auf das Ereignis bezogen, das sich an jenem Julitag im Kosmos abgespielt hatte, als ich in der Waldhütte des Herrn Leitner glaubte, den Untergang der Welt zu erleben. Hörbiger behauptete nämlich, an jenem Tage habe die Erde einen Eiskörper etwa von der Größe unseres Mondes eingefangen und zum Absturz gebracht. Die beigefügte Karte zeigte den Weg, den die auf die Erde stürzenden Eismassen genommen hatten; er zog sich in einer Breite von etwa zwanzig Kilometern von Spanien quer durch Europa bis nach Finnland hin und hatte die ostpreußische Grenze nach Rußland dort gestreift, wo Kallinowen lag. Das Kindheitserlebnis hat mich lange zum Anhänger und Verfechter von Hörbigers Kosmogonie gemacht, bis mich bessere Belehrungen an seiner Theorie zweifeln ließen . . .

Nicht lange nach dem Weltuntergang traf bei Tante Elma ein Brief von Großvater ein, daß Großmutter wieder wohlauf sei und daß sie mich, sobald sich eine Fahrgelegenheit ergebe, nach Lyck zurückschicken könne. Auf einige Tage mehr oder weniger komme es dabei nicht an. Tante Elma aber hatte es sehr eilig, machte noch am gleichen Tage einen Bauern ausfindig, der etwas in Lyck zu besorgen hatte, und setzte mich am nächsten Morgen in seinen Kastenwagen, nicht, ohne mir nochmals dringend einzuschärfen, daß ich von ›jenen Dingen‹ den Großeltern kein Sterbenswörtchen erzählen solle. Ich konnte es ihr leichten Herzens versprechen, denn ich hatte jene Dinge längst vergessen und hätte sie wohl, auch wenn ich sie nicht vergessen hätte, kaum für wichtig und erwähnenswert gehalten. Da gab es ganz andere Dinge zu erzählen, vom Kasperletheater, von Leitners toten Pferden und von den Kühen, die das Eis auf der Weide erschlagen hatte.

Es mögen zwei oder drei Wochen gewesen sein, die ich in Kallinowen zugebracht hatte. Daß ich noch einen ganzen Monat bei den Großeltern bleiben durfte, rückte den Termin des Abschieds in nebelhafte Fernen. Großmutter hatte die Blutvergiftung gut überstanden, nur der schwarze Fingerling eines alten Handschuhes, den sie über den Daumen gestülpt trug, erinnerte an das Abenteuer mit dem toten Hecht, er hinderte sie aber nicht daran, die große Tasse mit dem Goldrand zu halten und mir wie früher ein Zuckerei so lange zu schlagen, bis es die Tasse bis zum Rand füllte. Während sie das Eiweiß zu Schnee schlug, las sie mir aus ›Max und Moritz‹ oder aus dem ›Rübezahl‹ vor, erzählte mir zum hundertsten Male die Rattengeschichte, und dazwischen ließ sie sich von mir berichten, was ich in Kallinowen erlebt hatte. Sie wollte es sehr genau wissen, wo ich im Hause geschlafen hatte, was Tante Elma gekocht hatte, und warum ich zu Leitners umquartiert worden war. Ich scheine ihr doch mehr erzählt zu haben, als es Tante Elma lieb gewesen sein kann, denn manchmal schüttelte sie den Kopf, ließ zwischen den wenigen Zähnen, die sie noch besaß, ein tz tz tz hören und murmelte: Arme Elma, arme Elma ... Und es beruhigte sie auch nicht, als ich meinte, so arm wie sie es darstelle, wäre Tante Elma auf gar keinen Fall, denn immerhin könne sie sich zwei Dienstmädchen, die Vera und die Julenka, halten. Da warf sie Großvater, der auf dem Sofa saß und seine lange Pfeife rauchte, einen zum Himmel gerichteten Blick zu, die Pfeife schmurgelte lauter und Großvater gab unter Hüsteln und Räuspern Töne von sich, als hätte er mit dem Rauch einen kleinen Schuß Tabakssaft durch das Mundstück gesogen.

Großvater nahm mich wieder zum Frühschoppen zum Bienkowski und zum Dämmerschoppen zu Cabalzar mit, und Großmutter begleitete mich, wenn ich am Nachmittag mit Hannchen und Fritz Grigat in die Badeanstalt am Lyckfluß ging. Sie konnte zwar nicht schwimmen –, ich hatte es auch erst bis zum Hundeschwumm gebracht – aber sie wäre mir fraglos nachgesprungen, wenn ich ins tiefe Wasser geraten wäre.

Die Sommerferien waren vorbei, Fritzchen ging wieder in die Schule und erzählte mir ziemlich schauerliche Dinge von Lehrern, die einen an den Schläfenhaaren hochzogen und mit ungebrannter Rohrasche einrieben, aber er konnte mich damit nicht sehr beeindrucken. Ich beneidete ihn glühend darum, daß er mir und Hannchen, wenn auch noch stockend und holperig, aus seinem Lesebuch die Verse vom Bübchen, das zum Weiher ging, und die Fabel vom Wolf und vom Lämmchen vorlesen konnte.

In der letzten Woche, als Großmutter mir, schon um mir den Abschied zu versüßen, nur noch meine Lieblingsspeisen vorsetzte, Rote Grütze, Schaumomeletts mit eingemachtem Kirschkompott, Hasenöhrchen und Schokoladenpudding, passierte die Geschichte mit den Seifenblasen. Es war ein Mittwoch, der Tag, an dem sich Großmutter allwöchentlich mit einigen Damen reihum zum Kaffeekränzchen traf. Dieses Mal war Frau Giersberg an der Reihe, die bei meiner Taufe Pate gestanden hatte und mir seitdem, was mich richtig erbitterte, zu jedem Geburtstag drei Paar braune und drei Paar schwarze selbstgestrickte Wollstrümpfe schenkte. Sie scheint dazu die billigste Wolle genommen zu haben, denn die Biester kratzten unerträglich. Großmutter verließ das Haus, während Großvater noch seinen Nachmittagsschlaf hielt, von dem er sich selten vor vier Uhr zu erheben pflegte. Damit ich ihn in seiner Ruhe nicht störe, rührte Großmutter mit einem Stückchen Kernseife einen Literkrug mit Seifenwasser an und gab mir einige Strohhalme und ging in der Hoffnung davon, ich würde mir die Zeit bis zu Großvaters Erwachen damit vertreiben, schillernde Seifenblasen durchs offene Fenster auf die Straße fliegen zu lassen. Das tat ich auch eine Zeitlang und brachte richtige Prachtexemplare von Seifenblasen zustande, die weit davonflogen, ehe sie auf die Straße fielen und dort zerplatzten.

Aber schließlich verlor das Spiel seinen Reiz. Durch einen reinen Zufall kam ich auf eine neue Idee, mir die Zeit kurzweiliger zu vertreiben. Als ich nämlich den Rest des Seifenwassers aus dem Fenster schüttete, ging unten ein Mann vorbei und bekam einiges von der Flüssigkeit ab. Das meiste platschte neben ihm aufs Pflaster. Natürlich war ich recht erschrocken,

und den Schrecken muß er mir wohl auch angesehen haben, denn er drohte nur kurz herauf und rief, ich solle ein anderes Mal gefälligst besser aufpassen! Aber ich lief in die Küche, ließ den Putzeimer voll Wasser laufen, schleppte ihn ans Fenster und schöpfte den Topf, in dem das Seifenwasser gewesen war, randvoll. Sehr viele Menschen waren um diese Stunde nicht unterwegs. Aber schließlich kam doch ein Dienstmädchen, das am Arm einen Henkelkorb mit Glasäpfeln trug. Leider traf mein Wasserguß nur den Korb, trotzdem schimpfte sie unflätig. Dann schnüffelte sich ein großer, schwarzer Hund heran, hob direkt unterhalb des Fensters ein Bein und erschrak furchtbar und stob davon, als er den kalten Guß aufs Kreuz bekam. Und dann nahte sich Settegasts Lieschen vom Nachbarhaus, eine blöde Ziege, die ich sowieso nicht riechen konnte, weil sie behauptet hatte, ich sei eine Sau. Das kam daher, daß ich sie verlockt hatte, das Spiel ›Summ summ summ, Bienchen summ herum‹ mitzumachen. Dazu mußte man allerdings einen Dummen finden. Vier mußten dabei mitmachen, jeder bekam einen Zipfel von einem Taschentuch in den Mund gesteckt, so daß der Blick nach unten versperrt blieb, und während man im Kreise ging und mit dem Taschentuchzipfel im Mund das Bienchenlied summte, bepinkelten drei, die das Spiel kannten, den vierten, der es zum ersten Mal mitspielte, von oben bis unten. Mich deshalb gleich eine Sau zu nennen, war ein starkes Stück. Jedenfalls traf ich das Lieschen mit einer vollen Ladung, und sie rannte schreiend nach Hause.
Aber das richtige Jagdfieber packte mich erst, als eine Dame mit einem großen, über und über mit roten Rosen garnierten Strohhut auf dem Kopf heranwakkelte. Es tat einen lauten Platscher, weil das Wasser

wie ein Klumpen aus einem Stück auf ihren Hut fiel, und dann kam ein Schrei, und dann hatte sie mich auch schon entdeckt, denn ich hing, um diesen Erfolg zu genießen, weit aus dem Fenster, und dann rauschte sie auch schon triefend die Treppe hinauf und läutete an der Flurglocke Sturm. Das Gebimmel riß Großvater aus dem Schlaf, er öffnete die Tür in der Meinung, so laut und anhaltend könne nur der Telegrammbote läuten, und es dauerte lange, bis er begriff, worum es sich handelte. Noch länger dauerte es, bis er die Dame beruhigt hatte, der inzwischen eine rote Brühe über ihre weiße Bluse lief. »Aber Jungchen«, sagte er ganz entsetzt, als er die Dame endlich losgeworden war und zu mir ins Zimmer kam, »was machst du bloß für Sachen? Die Leute mit Wasser begießen! Hat man so was schon gehört!«
In diesem Augenblick, in dem ich reuevoll den Rest des Wassers aus dem Eimer in den Ausguß schütten wollte, sah ich einen Herrn in Gehrock und Zylinder über die Straße und gerade auf unser Haus zukommen. Wahrscheinlich ging er zu einer Beerdigung. »Großvater«, bettelte ich, »ich tu es bestimmt nie wieder! Nur dieses eine Mal noch – darf ich?« – Großvater spähte vorsichtig durchs Fenster: »Um Himmels willen, Jungchen, es ist der Katasterdirektor Riebsahm!« – »Opa, noch diesen einen!« flehte ich und sah ihn an, daß es ihm das Herz zerriß. »Also los! Und mach fix! Diesen einen noch – aber dann ist Schluß mit dem Blödsinn!« – So war es bei den Großeltern, wenn ich sie in den Sommerferien für sechs Wochen besuchen durfte. Zu Hause brauchte dann Vater immer die doppelte Zeit, bis ich so spurte, wie er es wollte.
»Ich verstehe es nicht, Lina«, sagte er jedesmal nach

den Ferien zu Mutter, »nein, ich weiß wirklich nicht, was mit dem Lümmel los ist. Der ist ja völlig außer Rand und Band. Ich glaube, deine Alten verziehen ihn furchtbar ...«

Aber Mutter schüttelte entschieden den Kopf: »Nein, das kann ich mir nicht denken, daß der Alte sich so geändert haben sollte. Wenn wir als Kinder nur zu mucken wagten, dann hatten wir schon eine Tracht Prügel weg.«

Der Direktor des Friedrichskollegiums überwachte die Aufnahme der Schüler in die dreiklassige Vorschule seines Gymnasiums persönlich. Vielleicht wollte er ungeeignete Elemente von seiner Schule fernhalten, zu deren Lehrern kein geringerer als Immanuel Kant gehört hatte. Als einziger der Königsberger Direktoren trug er den Titel Geheimrat, und wenn es je einen Geheimrat gab, der auch wirklich wie ein Geheimrat aussah, dann war er es. Nie trat er anders als im Gehrock mit seidenen Aufschlägen vor seine Primaner. Sie nannten ihn respektvoll Zeus, ein Name, der mir nichts sagte, da ich von humanistischem Gedankengut noch völlig unbelastet war. Mich ließ er gnädig passieren, vielleicht, weil Mutters neuer Hut mit einer Garnitur von roten und blauen Papageienfedern ihn beeindruckte. Hinter mir zog der Friseur Luschnat aus der Sackheimer Kirchenstraße seinen Sprößling vor den Tisch, hinter dem der Gestrenge thronte. »Nun, mein Sohn«, fragte er leutselig, »was ist denn dein liebstes Spielzeug?«

Der Vater gab seinem Filius einen kleinen Rippentriller: »Los, los, sag's schon, Wilhelm!«

»Mnnnn Schschfffff«, antwortete der Knabe Wilhelm endlich schnaufend.
»Er meint sein Schiff...«, stotterte Herr Luschnat.
Der Geheimrat schneuzte sich vernehmlich in ein blütenweißes Taschentuch und ließ es im Ärmel des Gehrockes verschwinden: »Hm, verehrter Meister, es gibt auch andere, recht empfehlenswerte Anstalten, aber wenn Sie Ihren Knaben durchaus bei mir unterbringen wollen, so kommen Sie mit ihm im nächsten Jahr wieder, wenn der Junge seine Polypen losgeworden ist.«
Es waren rund fünfzig Nonaner, die im Schmuck ihrer nagelneuen grünen Tellermützen von ihren Müttern oder Vätern zum Empfang des Stundenplans für das erste Schuljahr ihres Lebens zum Teil sehr widerstrebend in das Klassenzimmer der Nona und später zum Fotografen geführt wurden, der diesen bedeutsamen und einschneidenden Schritt im Bilde verewigte. Der hochgewachsene Mann, der die Schulanfänger und Eltern an der Tür des Klassenzimmers empfing, stellte sich, nachdem er die Neulinge auf den Klappsitzen hinter den arg zerkratzten Schulbänken verteilt hatte, mit dem Namen Hoffmann vor und ersuchte uns, ihn nicht als ›Herr Lehrer‹, sondern mit seinem Namen anzusprechen. Es war ein saalartiges Klassenzimmer mit drei langen Bankreihen zu je zwei Sitzen.
Mein Nachbar hieß Hilmar Neumann, hatte Schlitzaugen und wurde vom ersten Schultag an nur noch ›Japs‹ genannt. Meine Mutter kannte seine Mutter, denn Neumanns besaßen das große Wäschegeschäft am Münzplatz, wo Mutter Kundin war. Herr Hoffmann trug unsere Namen, wobei ihm Väter und Mütter zur richtigen Schreibweise verhalfen, nach unserer Sitzordnung in sein Notizbuch ein. Dann verteilte er

die Stundenpläne an die Eltern, und damit waren wir fürs erste entlassen. Das war ziemlich enttäuschend, denn ich hatte mir in meinem Wissensdurst vom ersten Schultag etwas mehr erwartet. Auf dem Stundenplan war auch verzeichnet, was wir für die Zukunft an Lernmaterial, Büchern und Heften, benötigten. Und damit begann für Mutter die Sorge, in ihrem Nähtischchen ein neues Tresorfach mit meinem Namen anzulegen. Am meisten störte sie, daß wir unsere ersten Schriftübungen nicht auf der üblichen Schiefertafel, sondern dem Rang des Friedrichskollegiums entsprechend sofort mit Tinte und Feder in den Schreibheften zu absolvieren hatten. Den Schulranzen aus echtem Rindleder hatten mir die Großeltern schon zum Geburtstag geschenkt. Nun durfte ich ihn, als ich mit Mutter am Nachmittag die erforderlichen Bücher und Hefte einkaufen ging, zum erstenmal tragen. Es war ein großer Augenblick, als ich das Wissen in seiner ganzen Gewichtigkeit zum erstenmal auf dem Rücken spürte. Daß sich das dünne Rechenbüchlein mit den Ziffern von eins bis hundert und dem Kleinen Einmaleins über abstrakte lateinische und griechische Buchstaben bis zu den Weltraumnebeln der Infinetesimalrechnung ausweiten würde, ahnte ich an jenem glücklichen Tage nicht, mir wären sonst wohl Herz und Beine schwer geworden.
Der Weg von der Wohnung in der Ziegelstraße in die Jägerhofstraße, in der meine Schule lag, war kurz. Nach vielen Ermahnungen, beim Überqueren der Königstraße mit ihrem Droschken- und Straßenbahnverkehr ja recht vorsichtig zu sein, durfte ich den Schulweg schon nach wenigen Tagen ohne Begleitung zurücklegen. Auch der Japs durfte bald allein kommen, wir schlossen rasch Freundschaft und verachte-

ten und verhöhnten die Transusen, die noch immer von ihren Müttern zur Schule geführt wurden. Einen nahmen wir besonders aufs Korn, denn er wurde noch nach einem halben Jahr vom Dienstmädchen zur Schule begleitet. Während wir kahl geschoren oder mit kurzen Scheiteln herumliefen – Vater besaß eine Haarschneidemaschine der Marke Kohinoor, mit der er mich alle vierzehn Tage bis auf die Kopfhaut kahl schor – trug er noch blonde Locken, die ihm bis auf die Schultern fielen. Und außerdem trug er nicht wie wir alle den Matrosenanzug mit blauer oder blauweiß gestreifter Bluse, sondern schwarze Samtanzüge mit Krägen und Manschetten aus gelber Spitze. Wir bespritzten ihm den Kragen und die Manschetten mit Tinte, beschmierten den schwarzen Samt mit allem möglichen Unrat und zwiebelten ihn auf jede erdenkliche Weise, bis wir entdeckten, daß er in seiner Frühstückstasche mit dem goldenen Aufdruck ›Mein Frühstück‹ von daheim Köstlichkeiten mitbekam, die wir nicht einmal dem Namen nach kannten. Mohnbrötchen, die statt mit Blutwurst mit feinen Schokoladenplättchen belegt waren, oder Semmeln mit Räucherlachs, Gänsebrust, Roastbeef mit Mayonnaise oder mit einer Leberpastete von einem geradezu himmlischen Wohlgeschmack. Er hieß Siegfried Silberstain und war der Sohn eines Pelzhändlers, an dessen Schaufenstern Mutter immer ganz schnell vorüberging, um ›nicht vor Neid gelb zu werden‹. Der Japs, ich und noch ein paar Rabauken, die sich uns angeschlossen hatten, ließen ihn fortan mit seinen Locken und Samtanzügen ungeschoren, aber wir erpreßten ihn schamlos und zwangen ihm unsere Schmalzbrote auf, während wir ihm wegfraßen, was er in die Schule mitbrachte. Sie müssen sich bei ihm daheim maßlos

darüber gewundert haben, welche Mengen an Mohnbrötchen mit Schokolade und Gänseleberpastete er täglich zum Frühstück verputzte. Was wir ihm, der nur koscher aß, mit dem Schweineschmalz und der Blutwurst antaten, ist mir erst sehr viel später aufgegangen. –
In der Schule lernten wir inzwischen unter der Anleitung von Herrn Hoffmann mit spitzer Feder haardünne Aufwärtsstriche und mit größerem Andruck stärkere Abwärtsbalken auf die linierten Seiten unserer Hefte zu malen, das I, das N und das M, und drangen schließlich bis zu den komplizierten Zeichen für das gotische F und H vor. Der Joachim Nissel, dem seine älteren Brüder einige Buchstaben schon vor Schulbeginn beigebracht hatten, stritt sich zwar manchmal mit Herrn Hoffmann, daß er vom F ganz andere Vorstellungen habe, aber es gelang Herrn Hoffmann letzten Endes doch, ihn davon zu überzeugen, daß das F so aussehen müßte, wie er es an die Tafel gemalt hatte. Ich begann für Herrn Hoffmann, der uns mit unendlicher Geduld zum Lesen und Schreiben hinführte, eine schwärmerische Zuneigung zu empfinden. Er war ein gutaussehender Mann mit kastanienbraunem vollem Haar, das er an der Seite gescheitelt trug. Er leitete neben der Volksschule auch den Turnunterricht in den mittleren Gymnasialklassen und unterließ es nie, wenn er uns zu Freiübungen auf den Schulhof führte, auf den Spruch hinzuweisen, der in goldenen Lettern an der Stirnseite der Turnhalle stand: MENS SANA IN CORPORE SANO – eiin jesunder Jeiist in eiinem jesunden Leiib, und er vergaß auch nie, hinzuzufügen, daß unser deutsches Vaterland auf einen gesunden Leib ganz besonderen Wert lege. Er lehrte uns auch eine Menge munterer

Lieder: Wer will unter die Soldaten – der muß haben ein Gewehr – das muß er mit Pulver laden – und mit einer Kugel schwer. – Er sang uns die Strophen mit seinem volltönenden Bariton vor und begleitete uns auf seiner Geige, wenn wir den Text beherrschten. Vom Turnen hatte er einen federnden Gang und setzte die Füße stark nach außen, während er die Arme frei schwingen ließ, Daumen und Zeigefinger zierlich rundete und den kleinen Finger wegspreizte, als hielte er rechts und links die Henkel von Teetassen in den Händen. Ich versuchte seinen wippenden Gang und die edle Haltung seiner Hände solange nachzuahmen, bis Vater mich fragte, ob ich nicht ganz gesund sei und mir zur Erzielung einer Haltung, die er für wünschenswert hielt, seinen Spazierstock zwischen den Rücken und die angewinkelten Arme schob.
Meinem Bruder Ernst muß der Name Hoffmann den Nerv getötet haben. Er stand kurz vor seinem Referendarexamen, saß daheim über seinen Büchern und gab Vater nicht mehr soviel Anlaß zu Klagen über alkoholische Eskapaden, dafür um so mehr über die Raufhändel, in die er andauernd verwickelt war. Die vorletzte Säbelpartie hatte ihm eine Terz auf den Kopf eingetragen, bei der ihm mit einem Teil der Schwarte ein Stück des Schädelknochens über der Stirn abgeplatzt war. Und bei der letzten Partie hatte ihm sein Gegner einen Streicher über die Brust verpaßt, an dem er noch laborierte, als er mich abfing und in seiner streng nach Jodoform riechenden Bude beiläufig fragte, ob ich wüßte, ob Herr Hoffmann verheiratet sei. Da er keinen Ehering trug, war ich davon überzeugt, daß er ledig sei. Wenn das so sei, meinte Ernst und zog ein Foto meiner Schwester Else aus der Brusttasche, dann müßte ich doch von dem Gedanken

begeistert sein, Herrn Hoffmann näher an unsere Familie zu binden. Ich fand, daß das ein guter Gedanke wäre. Ernst war sichtlich erfreut, daß ich das nicht nur so rasch begriff, sondern auch lebhaft billigte, und er meinte, nun hätte ich nichts weiter zu tun, als Herrn Hoffmann Elses Bild zu überreichen und ihn vor der Klasse, wo er mir nicht mit billigen Ausflüchten kommen könne, zu fragen, ob er Else heiraten wolle. Er schärfte mir noch ein, den Eltern und vor allem Else nichts von unseren Plänen zu erzählen, damit es für sie eine richtige Überraschung würde, wenn sie durch mich zu so einem fabelhaften Mann käme, wie es Herr Hoffmann nun einmal sei.
Herr Hoffmann war wirklich ein fabelhafter Mann. Denn als ich ihm am nächsten Tag Elses Foto überreichte und ihn um seine Hand für meine Schwester bat, zeigte er sich nicht sonderlich überrascht – meine Klassenkameraden merkwürdigerweise auch nicht – sondern sagte, mein Angebot ehre ihn und er würde es mit Freuden annehmen, wenn er nicht schon verheiratet wäre und zwei Söhne hätte, die bereits in der Quinta und Tertia säßen. Es interessiere ihn aber sehr, ob der Vorschlag von meiner Schwester stamme. Darauf antwortete ich wahrheitsgetreu, daß ich eigentlich im Auftrag meines Bruders Ernst spreche. Da nickte er freundlich und fragte mich, was denn mein Bruder sei. Ich wußte von ihm nicht mehr zu berichten, als daß er Cimber sei, denn die Zugehörigkeit zu der Studentenverbindung Cimbria füllte das Leben meines Bruders so vollständig aus, als wäre Cimber zu sein ein Beruf wie Pastor oder Zahnarzt, wenn nicht gar wie der noch weit schwerere Beruf eines Bäckers, der nicht nur Tages- sondern auch schwere Nachtarbeit erforderte.

»So so, Cimber«, sagte Herr Hoffmann, »das sind doch die mit den olivgrünen Mützen, nicht wahr?« Und dann fügte er noch hinzu, ich möge meinem Bruder einen schönen Gruß bestellen und ihm sagen, daß es ihm leid täte, daß er aber vielleicht gut daran täte, etwas Passendes für die Schwester Else unter seinen Bundesbrüdern zu suchen. – Prophetische Worte, denn einige Jahre später fiel Elses Wahl – wenn auch ohne Nachhilfe von Ernst – auf einen Herrn aus seiner Corporation.

In diesen Tagen versetzte uns ein Telegramm in Aufregung, das in Bremen aufgegeben, den Besuch von Onkel Walter und Tante Miekchen ankündigte. Onkel Walter war ein jüngerer Bruder meiner Mutter und ein Zwillingsbruder von Tante Elma. Er hatte den Eisenhandel von der Pike auf erlernt, später eine Handelsschule besucht und als junger Mann eine Erfindung gemacht, die ihm ein kleines Vermögen einbrachte. Vor seiner Erfindung war es üblich, daß sich die Herren in Vergnügungsetablissements zur Entlohnung der Kapelle ein Tanzabzeichen einlösten, das je nach Qualität des Lokals und der Damen einen oder mehrere Groschen kostete. Solange man sich dabei mit Anstecknadeln begnügte, hatten es die Tänzer leicht, den Obulus nur einmal zu entrichten und sich Tänze zu erschmuggeln, indem sie sich das Abzeichen von einem Freund ausliehen. Onkel Walter erfand ein Abzeichen, das jeden Schwindel unmöglich machte; er konstruierte einen Papierstreifen, der durch ein Knopfloch der Jacke oder des Revers gefädelt und durch einen Druckknopf fest und unlösbar zusammengeschlossen wurde. Bald nach dieser Erfindung heiratete er die einzige Tochter eines gut betuchten Bremer Importeurs, der vor allem englische

Fahrräder auf den deutschen Markt warf. Mit dem kleineren Eigenkapital und der beachtlichen Mitgift seiner Frau ging Onkel Walter Ende der neunziger Jahre nach Deutsch-Ostafrika und übernahm in Daressalam ein Geschäft für Schiffsausrüstungen, dessen Besitzer den Biß einer schwarzen Mamba nicht überlebt hatte. Onkel Walter brachte das billig erworbene und unter seinem Vorgänger nicht gerade florierende Geschäft bald in Schwung, beteiligte sich außerdem an einigen Sisalplantagen und erwarb durch seine Tüchtigkeit im Verlaufe weniger Jahre ein Millionenvermögen. Er war und blieb der einzige Millionär in unserer Familie – wenn man davon absieht, daß wir in Großmutters Nachlaß eine Schublade voll Milliarden- und Billionenscheinen fanden.

Onkel Walter machte in einem Turnus von zwei Jahren Europa-Urlaub, zumeist im Winter, denn er liebte Schlittenfahrten durch verschneite Wälder, die es in Ostafrika nicht einmal für einen Millionär gab. Er ähnelte Großvater, als sei er ihm aus Gesicht und Figur geschnitten, nur daß das, was sich bei Großvater im Laufe der Jahre in Speck verwandelt hatte, bei ihm noch aus strotzender Muskelsubstanz bestand. Das Kunststück Augusts des Starken, Hufeisen zu verbiegen, brachte er spielend fertig, und als sich Tante Miekchen einige Jahre später von ihm scheiden ließ, erfuhr man, daß er August dem Starken auch in anderer Beziehung nachgeeifert hatte.

Dieses Mal kam er nicht im Winter, sondern im Herbst, am sehnsüchtigsten von Ernst erwartet, dem die Schulden wie so oft bis zum Halse standen. Er hatte das von seiner Mutter ererbte Vermögen längst verbraucht und war gänzlich auf Vaters Zuwendungen angewiesen – und Vater war in puncto des

Nervus rerum sehr zugeknöpft. Onkel Walter war es, der Ernst schon einige Male aus peinlichen Verlegenheiten herausgeholfen hatte. Dafür und für die Spende von manchem Fäßchen Bier war Onkel Walter ein gern gesehener Ehrengast auf der Cimbernkneipe. – Mutter brauchte sich wegen des angekündigten Besuchs weder Umstände noch Sorgen zu machen, wie stets hatte sich Onkel Walter auch dieses Mal zwei Zimmer mit Bad im Hotel ›Deutsches Haus‹ reservieren lassen, wobei mir das Bad in der Pracht der weißen Fliesen und blitzenden Armaturen am meisten imponierte, denn ein Badezimmer hatte es bisher noch in keiner unserer Wohnungen gegeben. Zur Säuberung des Gesichtes und der Hände genügte die Waschkommode im Schlafzimmer, und wer seine Intimitäten zu reinigen wünschte, konnte das im großen Holzzuber der Waschküche besorgen.

Wer sich von unserer Aufregung überhaupt nicht anstecken ließ, war Vater. Nicht, daß er etwas gegen Onkel Walter persönlich gehabt hätte, keineswegs! Es störte ihn höchstens, daß Onkel Walter Kaufmann war, und wie alle Kaufleute, Geld damit verdiente – was Vater irgendwie suspekt zu finden schien –, Ware möglichst billig einzukaufen und möglichst teuer zu verkaufen. Auf wessen Kosten, zum Teufel, auf wessen Kosten?!

An einem Sonntag in der ersten Oktoberhälfte war es dann so weit. Leider lag Vaters Laune trotz des strahlenden Spätherbstwetters unter dem Gefrierpunkt. Gleich in der ersten von den sechs Semmeln, die er sich, um die Sonntagsausgabe der ›Allgemeinen‹ ohne lästige Unterbrechungen lesen zu können, mit Butter und Honig bestrich, hatte er einen mit schwärzlich verkrusteter Verbandgaze gefüllten Finger eines

Handschuhes entdeckt, den der Bäcker oder einer seiner Gesellen beim Kneten im Teig verloren hatte. Vater wurde ganz grau im Gesicht. »Was sagt ihr zu der Schweinerei?!« ächzte er abgewürgt und schüttelte sich vor Ekel. Wir sagten nichts, und es erbitterte ihn zusätzlich, daß uns sein Zorn auf den säuischen Bäcker wenig zu berühren schien, denn wir hingen in den Fenstern, als würde im nächsten Augenblick der Kaiser mit seinen sieben Söhnen durch die Ziegelstraße marschieren. Wir nahmen an, daß Onkel Walter und Tante Miekchen in einer Pferdedroschke vorfahren würden, aber um zehn Uhr bog von der Königstraße her ein viersitziger Phaeton in die Ziegelstraße ein, näherte sich mit Tatütata unserem Haus und hielt mit einem letzten dröhnenden Signal der Hupe vor der Toreinfahrt. Onkel Walter hatte sich für seinen Aufenthalt in Deutschland ein Auto mit Chauffeur gemietet!

Ganz gewiß liefen in Königsberg zu jener Zeit schon einige Automobile, aber sie waren ein seltener Anblick und erregten merkwürdigerweise nicht einmal uns Kinder sonderlich. Wir nannten sie verächtlich Stinkekutschen und schmissen ihnen höchstens Steine nach, wenn sie uns in unseren Spielen auf der Straße störten. Nach der amtlichen Statistik von 1909 gab es in Ostpreußen insgesamt 385 Motorwagen, 4 davon dienten der Beförderung von Lasten. Mochte unsere Einstellung zu den neumodischen Vehikeln, auf deren Zukunft niemand auch nur einen Pfifferling gesetzt hätte, sein wie sie wollte, daß Onkel Walter mit solch einem Automobil und mit eigenem Chauffeur dazu vor unserm Hause vorfuhr, erfüllte uns doch mit mächtigem Stolz, und mit noch angenehmeren Gefühlen, als sich eine ziemlich große Menschenmen-

ge, denn die Leute kamen gerade aus der Kirche, um Onkel Walters Wagen scharte.
Der Chauffeur, Herr Janson aus Hamburg, sprang aus dem Phaeton, um Tante Miekchen den Schlag zu öffnen, und sie stieg graziös heraus, zeigte ein winziges Knöpfelstiefelchen und eine Andeutung von florbestrumpftem Damenbein. Sie trug ein grau kariertes Sportkostüm und einen sportlichen kleinen Hut, dessen schmale Krempe ein grauer Schleier an ihre Wangen preßte. Mutters Hüte hatten die Größe von Wagenrädern. Auch Onkel Walter kletterte in einem sportlich geschnittenen englischen Noppen-Anzug aus dem Wagen. Auf dem Kopf trug er eine blaue Prinz-Heinrich-Mütze, über deren schwarzem Lackschirm die Gläser einer riesigen Autobrille blinkten. Herr Janson schließlich war ganz in braunes Leder gekleidet und trug an den Waden Ledergamaschen, wie sie später zur Standardausrüstung des alten Feldmarschalls von Hindenburg gehörten. Wir stürzten dem Besuch entgegen und schielten zwischen langen Umarmungen und feuchten Küssen nach den Paketen und Päckchen, die sich auf dem Vordersitz des Wagens stapelten. Seid ihr mit dem Auto von Bremen...? Nein, sie waren nach einem kurzen Zwischenaufenthalt in Berlin gestern abend mit dem D-Zug gekommen, nur Herr Janson hatte die weite Strecke von Hamburg nach Königsberg mit dem Phaeton zurückgelegt und war schon vor zwei Tagen im ›Deutschen Haus‹ eingetroffen. Herr Janson nickte ernst und sagte, daß er bis Schneidemühl fast ohne Panne gefahren sei, während ihm in der Polakei – Vater räusperte sich vernehmlich, aber Herr Janson überhörte das drohende Räuspern – eine Unmenge von Hühnern, Gänsen und Enten unter die Räder

gekommen sei. Dabei machte er ein Gesicht, als sei er zufrieden, weder Wölfen noch Bären begegnet zu sein, die er bei uns auf den Straßen erwartet zu haben schien.
Mutter hatte für die Gäste einen kleinen Imbiß vorbereitet, nur eine Schüssel Rührei und eine Platte mit Schinken, Räucheraal und Kaiserjagdwurst. Sie griffen auch zu, obwohl sie sicherlich schon ein reichhaltiges Hotel-Frühstück hinter sich hatten. Vater hielt sich ans Schwarzbrot und half ihnen tüchtig, und seine Laune besserte sich zusehends. Währenddessen schleppte Herr Janson mit Annas Unterstützung die Päckchen und Pakete ins Haus, deren Inhalt Onkel Walter zumeist schon aus Afrika mitgebracht hatte. Es war wie Weihnachten, ach was, viel üppiger als Weihnachten, denn Vater war ja leider alles andere als ein Millionär. Mutter bekam eine weiße Federboa, eine in Gold gefaßte und mit kleinen Brillanten und Rubinen besetzte Löwenkralle, dazu einen Karton, in dem sich zwei Dutzend Prachtexemplare von weißen und schwarzen Straußenfedern befanden. Ihre Hüte konnten in den nächsten Jahren mit jenen der Kaiserin Auguste Victoria konkurrieren. Für Vater hatte Onkel Walter einen schweren Elefanten aus Ebenholz mit mächtigen Stoßzähnen aus Elfenbein mitgebracht, dazu einen Satz kostbarer Zigarrenspitzen aus Meerschaum mit Mundstücken aus Elfenbein und Bernstein. Für Lotte und Else hatte Tante Miekchen bei Wertheim in Berlin Kleider- und Kostümstoffe ausgesucht, die ihnen helle Schreie des Entzückens entlockten. Meinem Bruder überreichte Onkel Walter nichts als einen Briefumschlag, aber Ernst preßte ihn, nachdem er einen Blick hineingeworfen hatte, an die Brust, als enthielte er Aladins Wunderlampe. Mir hatte

Onkel Walter einen Haufen Bücher mitgebracht, wohl in der Meinung, daß ich in der Schule schon weiter sei, die Schatzinsel, den Lederstrumpf, den Till Eulenspiegel und zwei Bücher mit den unaussprechbaren Namen Huckleberry Finn und Tom Sawyer. Ich hatte mir etwas anderes erwartet, einen Indianerkopfschmuck aus Adlerfedern oder einen Indianerbogen mit einem Köcher voller vergifteter Pfeile. Er muß mir meine herbe Enttäuschung angesehen haben, denn er griff in die Westentasche und drückte mir als Zugabe ein goldenes Zwanzigmarkstück in die Hand. Vater wollte es sofort beschlagnahmen, aber Onkel Walter sagte, das Goldstück gehöre mir und ich dürfe mir dafür kaufen, wozu ich Lust hätte.

Sie blieben nur drei Tage bei uns, denn sie hatten sich für die Mitte der Woche bei den Großeltern angemeldet, und von Lyck aus wollte Onkel Walter einen Abstecher nach Kallinowen machen, um seine Zwillingsschwester Elma und den Aurelius Piepus zu besuchen. Aber in den drei Tagen des Besuchs delektierte Onkel Walter sich an Mutters Küche, Königsberger Klopsen, Aal grün und Kasseler Rippspeer mit Sauerkohl, und er lobte Mutters Kochkünste so überschwenglich, daß Tante Miekchen ganz nervös wurde und spitz bemerkte, sie sei nun einmal als Bremerin mit der Bremer Küche aufgewachsen, und wenn es ihm hier besser schmecke, dann solle er sich doch aus Deutschland einen Koch mitnehmen – oder besser noch eine Köchin! Nein, so gut wie Mutter konnte sie nicht kochen, dafür besaß sie eine schöne Altstimme und begleitete sich bei Balladen von Loewe höchst effektvoll am Klavier. Nie habe ich die Glöckchen bei ›Tom der Reimer‹ zarter und lieblicher klingen hören. Und wenn sie ihr Lieblingslied vortrug – Hier hab ich

so manches liebe Mal mit meiner Laute gesessen – dann lauschte ihr sogar Vater in sichtlicher Ergriffenheit.
Auch Herrn Janson schien es bei uns bestens zu schmecken. Vielleicht hatte es ihm auch Anna mit ihrer strammen Figur und mit ihrem vollen braunen Haar angetan, aber er hatte bei ihr keine Chancen, denn sie ging zur Zeit mit einem Unteroffizier vom Grenadierregiment Nr. 1, der mit mir immer merkwürdige Wetten abschloß, bei denen ich jedesmal gewann. So stülpte er mir zum Beispiel seine Grenadiermütze über den Kopf, legte ein Zweipfennigstück auf den Küchentisch und behauptete, ich könnte es keine fünf Minuten unter der Mütze aushalten. Und ob ich konnte! Mehr als zehn Minuten hielt ich oft durch, blind und auch stark gehörbehindert, und wenn ich die Mütze dann abnehmen durfte, saßen die beiden friedlich am Tisch, nur Anna sah ein bißchen erhitzt aus.
Natürlich hatte Mutter Herrn Janson, der in ihren Augen im Rang doch so etwas wie einen Lokomotivführer darstellte, angeboten, mit uns am Tisch zu speisen, aber Herr Janson zog es vor, bei Anna in der Küche zu essen, und dagegen hatte Mutter auch nichts einzuwenden. Es traf sich ungeschickt, daß Mutter für den Dienstag die Waschfrau bestellt hatte, und der Termin ließ sich nicht verlegen, weil Frau Borowski nach einem streng eingeteilten Drei-Wochen-Turnus zum Waschen zu uns kam. Ihre Mann arbeitete in der Brauerei Ponarth, und das Bierdeputat schien ihn nicht müde, sondern sehr munter zu machen, denn sie hatte einen Haufen Kinder, und eins war immer unterwegs. Einmal erschien sie schlanker als sonst zum Waschtag.

»Nun, Frau Borowski«, fragte Mutter und überlegte dabei, was sie ihr an alten Bettüchern für Windeln mitgeben könnte, »ist es ein Junge oder ein Mädchen? Und wann haben Sie es zur Welt gebracht?«
»Es is man bloß ein Mädchen, gnä' Frau«, antwortete Frau Borowski und stemmte den schweren Waschzuber hoch, um das Spülwasser ins Gully laufen zu lassen, »und gekommen is es jestern abend jejen elf Uhr.«
Mutter wurde blaß und wollte sie auf der Stelle nach Hause schicken, aber Frau Borowski erwiderte resolut, Mutter solle bloß nicht solch ein Getue machen, und überhaupt wären bei ihr alle Kinder bis aufs erste nur so herausgefallen und sie hätte nicht mal eine Hebamme gebraucht. Ihre kleineren Kinder wurden daheim von der Großmutter versorgt, nur das älteste von den noch nicht schulpflichtigen Kindern, den Arthur, ein Jahr jünger als ich, brachte sie gewöhnlich mit. Mutter überließ ihm einige von meinen Spielsachen, und der Junge gab damit den ganzen Tag Ruhe. Natürlich bekam Arthur bei uns auch zu essen, reichlich zu essen, aber das schien ihm nicht zu genügen, denn sozusagen zum zweiten Frühstück und zu einer Zwischenmahlzeit am Nachmittag lief er in die Waschküche hinunter und sagte zu seiner Mutter fünf kurze Worte: »Mudder, jew mi de Titt!« Darauf ließ Frau Borowski sich auf einem Schemel nieder, knöpfte die Bluse auf und ließ ihren Sohn, der dabei still und aufrecht zwischen ihren Beinen stand, nach Herzenslust trinken. Herr Janson, der sich Anna nützlich machte und ihr die Körbe mit der nassen Wäsche zum Aufhängen aus der Waschküche in den Hof herauftrug, muß der Anblick der gewaltigen Apparate, die aus Frau Borowskis Bluse quollen, genauso Atem und

Sprache verschlagen haben wie der Anblick des eifrig zutzelnden Knaben Arthur. Dieses Ostpreußen – Wölfe und Bären liefen zwar nicht frei herum, aber sonst...! Seine weiß herausquellenden Augäpfel wiederum schienen Frau Borowskis Mißfallen erregt zu haben oder von ihr falsch gedeutet worden zu sein. Während ihr Arthur an der linken Milchquelle weiter trank, packte sie die rechte Brust mit beiden Händen und spritzte Herrn Janson auf eine Entfernung von zwei Metern mit einer melkenden Bewegung einen Milchstrahl entgegen, der ihn mitten ins Gesicht traf und auch seine Weste bekleckerte. Dabei funkelte sie ihn an und zischte aus verächtlich herabgezogenen Mundwinkeln: »Jetz aber raus mit dir, du Hamburger Schweiiniijel!«

Mutter ließ sich von Onkel Walter und Tante Miekchen überreden, Vaters wegen zwar äußerlich widerstrebend und zögernd, innerlich aber Feuer und Flamme, die Autoreise zu den Großeltern mitzumachen. Sie versprach Vater, falls Onkel Walter sich länger in Lyck aufhalten sollte, spätestens nach drei Tagen mit der Bahn zurückzukommen. Wir beneideten sie um diese Fahrt im offenen Phaeton glühend, aber wir mußten leider in die Schule. Das schöne warme Herbstwetter hielt an, und im Notfall konnte der Wagen durch eine wasserdichte Verdeckplane wetterfest gemacht werden. Am Mittwochmorgen kletterte Mutter ins Auto und zwängte sich auf den Vordersitz neben Herrn Janson, nicht allzu bequem, denn Vater hatte darauf bestanden, daß sie sich in seinen schweren Pelz hüllte, den er im Winter bei Schlittenfahrten zu Lokalterminen trug. Es war ein Wolfspelz von ungeheurem Gewicht, der sogar Vater Schulterschmerzen verursachte, wenn er ihn länger als eine

Stunde trug. Er winkte Mutter nach und machte sich auf drei lange Tage des Strohwitwertums bei Annas Küche gefaßt.
Aber das Unerwartete geschah. Mutter kam schon am nächsten Tage zurück, gebrochen an Leib und Seele und mit dem Schwur auf den Lippen, daß keine zehn Pferde sie je wieder im Leben in solch eine mörderische Benzinkutsche bringen würden. Sie war so durchgerüttelt worden, daß ihr jeder Knochen weh tat. Aber das war nicht das Schlimmste. Das Schlimmste war auch nicht, daß zwischen Lötzen und Widminnen eine Kuh den Wagen auf die Hörner zu nehmen versucht hatte. Das hatte nur einigen Blechschaden verursacht. Aber bei dem Zusammenstoß hatte der außen angebrachte Getriebe-Schalthebel Schaden genommen, war Herrn Janson in der Hand abgebrochen und dann, als es gerade bergab ging, war ihm auch noch der Bremshebel in den Fingern geblieben; er konnte den Wagen nicht zum Halten bringen, und so war ihm nichts anderes übriggeblieben, als den Phaeton zwischen zwei Chausseebäumen hindurch auf eine sumpfige Wiese zu lenken, wo er dann endlich im Morast stecken geblieben war, sich auf die Seite geneigt und sie alle vier herausgeschleudert hatte. Herr Janson brach sich dabei die rechte Hand, Tante Miekchen verstauchte sich den linken Fuß, und dann mußten sie naß und dreckig noch kilometerweit laufen, bis sie auf einen Bauern trafen, der sich nach langem Zureden gegen hohen Lohn bereit fand, sie nach Lyck zu kutschieren. Es war ein Philippone von der ganzen strengen Observanz, der Automobile als Teufelswerk verdammte und in dem Unfall die gerechte Strafe Gottes für ihr lästerliches Tun und Treiben sah.

Vater hörte geduldig zu und machte dabei ein Gesicht, als könne er dem Philipponen nicht ganz unrecht geben. Diese Philipponen waren eine merkwürdige Sekte religiöser Fanatiker. Sie wurden im 18. Jahrhundert aus Rußland vertrieben, weil sie den Militärdienst verweigerten und sich, mit Gewalt unter die Fahne gepreßt, selber verbrannten oder verstümmelten. Unter den toleranten preußischen Königen hatten sie wie Salzburger, Hugenotten und Wyclifianer in Ostpreußen Aufnahme gefunden und lebten in einigen Dörfern Masurens in strenger Absonderung mit ihren alten Bräuchen.
Mutter hat ihren Schwur, nie wieder ein Automobil zu benutzen, fünfundzwanzig Jahre lang gehalten. Dann gelang es mir, sie zu einer Fahrt nach Garmisch zu überreden, in meinem ersten Wagen, einem DKW-Cabrio, das ich seit einem Jahr besaß. Und ausgerechnet mir mußte mit Mutter im offenen Wagen an einem strahlend schönen Sommertag der erste Unfall passieren. Ein Motorradfahrer auf einer nagelneuen schweren BMW kam am Ortsausgang von Garmisch aus einer Seitenstraße herangebraust, bremste zwar mit aller Kraft, aber zu spät, fuhr mir in die Flanke, schoß aus dem Sattel und landete mit dem Kopf in Mutters Schoß.
»Und das war endgültig das letzte Mal!« sagte sie, stieg aus und fuhr mit dem Zug nach München zurück. Und um sie nicht wortbrüchig werden zu lassen, gelang es mir unter einigen Schwierigkeiten, daß sie nicht im Auto, sondern von Pferden zu ihrer letzten Ruhestätte gefahren wurde.
Ob Tante Miekchen und Onkel Walter noch einmal zu uns gekommen sind oder ob sie von Lyck aus gleich nach Bremen zurückfuhren, ist mir nicht mehr in

Erinnerung. Wenn sie uns noch einmal besuchten, so waren Herr Janson und der Phaeton auf keinen Fall dabei. Aber eines weiß ich genau, daß ich Besitzer eines goldenen Zwanzigmarkstücks war und daß mir das Gold in den Fingern brannte. Ich hätte mir dafür in den Spielwarengeschäften von Hannemann in der Junkerstraße oder bei Weiß in der Vorstädtischen Langgasse eine Eisenbahn oder eine Dampfmaschine kaufen können, aber größere Verlockungen strahlten die Schaufenster von Jarzymbowski aus, einer Bonbon-, Konfitüren- und Schokoladen-Fabrik, die in der Königstraße ein Ladengeschäft unterhielt. Auch meine Schwestern waren dort noch Stammkunden und holten sich von Zeit zu Zeit für zehn Pfennige aus dem Fabrikabfall eine riesige Tüte Bruchbonbons, von denen ich immer einen redlichen Teil abbekam. Es gab dort auch Schokoladenbruch, wovon das Pfund allerdings zwanzig Pfennige kostete. Für zwanzig Mark hätte ich mir fünfzig oder sechzig Tafeln der feinsten Schokoladenmarken kaufen können, aber ich war doch kein Verschwender. Also trat ich eines Tages in den Laden, warf mein Goldstück auf den Zahlteller und bestellte einen Zentner Bruchschokolade. Einige Pfunde davon nahm ich mit, den Rest ließ ich per Rollfuhrwerk an meine Adresse in der Ziegelstraße fahren.

Das Mißtrauen der Verkäuferin fand ich ziemlich unverschämt und beleidigend. Sie wollte genau wissen, woher ich das Goldstück hätte, und gab sich erst zufrieden, nachdem ich ihr lang und breit von meinem Onkel aus Afrika erzählt hatte, der zu uns im Automobil und mit eigenem Chauffeur gekommen war. Das schien sie zu beeindrucken und sie stellte keine weiteren Fragen mehr. Am nächsten Tag saßen wir ganz friedlich beim Mittagessen. Es gab eins von Vaters Leibgerichten, das ich auf den Tod nicht ausstehen konnte, grüne Klöße mit ausgelassenem Räucherspeck und abgebräunten Zwiebeln; das Fett schöpfte Vater mit dem großen Suppenlöffel über die Klöße. Später, im Krieg, seufzte Mutter manchmal, sie wäre heilsfroh, wenn sie das Fett hätte, das Vater früher beim Klöße-Essen aus dem Schnurrbart getropft war. – Vater war mit dem ersten Teller noch nicht ganz fertig, als Anna ins Eßzimmer kam und meldete, vor der Tür stehe der Rollkutscher von Jarzymbowski, habe ihr einen Sack voll Schokolade vor die Wohnungstür gestellt und verlange eine Empfangsbestätigung. Bevor Mutter sagen konnte, es müsse sich um einen Irrtum handeln, erklärte ich frank und frei, das sei meine Schokolade, die ich von Onkel Walters Geschenk gekauft habe. Es entstand eine große Stille am Tisch. Vater legte den Löffel weg und fragte:

»Was hast du gekauft?«

»Einen Zentner Bruchschokolade ...«

Eine von meinen Schwestern begann zu kichern. Vater verfärbte sich, er lief rot an und schlug mit der Faust auf den Tisch, daß die Teller klirrten. Das Kichern verstummte und ich hatte das Gefühl, das Strohgeflecht meines Stuhles verwandle sich in einen Rost aus glühendem Eisen.

»Wo ist der Kerl?« schrie Vater.

»Er steht vor der Tür«, antwortete Anna.

Vater riß sich die Serviette vom Hals und stürzte hinaus.

»Mein Gott, was hast du bloß wieder angestellt!« seufzte Mutter und horchte ängstlich nach draußen, wo Vater den armen, unschuldigen Kutscher anbrüllte, er solle mit Sack und Pack verschwinden und sich nicht wieder blicken lassen. Und dann krachte die Haustür ins Schloß und Vater stürmte ohne Hut und mit seinem fett-triefenden Schnurrbart davon. Das Fräulein bei Jarzymbowski, das mir die Schokolade verkauft hat, wird diesen Tag in unguter Erinnerung behalten haben. Ich kann mir denken, daß Vater mit allen Paragraphen des Strafgesetzbuches gedroht hat, die irgend etwas mit dem Umgang und mit Geschäften mit Minderjährigen zu tun haben. Als er zurückkam, war ihm der Appetit vergangen, aber das Goldstück lag wohlverwahrt in seinem Portemonnaie.

»Ich hab's deinem Bruder Walter gesagt, daß es ein unverantwortlicher Blödsinn ist, einem Kind zwanzig Mark in die Hand zu drücken – aber er wollte ja nicht hören!« knurrte er Mutter an. Mir warf er einen düsteren Blick zu und fuhr nach einer kurzen Kopfrechnung fort, er werde mir jeden zweiten Tag einen Dittchen aushändigen.

»Damit langt dir das Geld bis Weihnachten im nächsten Jahr! Hast du verstanden?«

Nicht ganz, dazu dachte Vater in zu langen Zeiträumen, aber ich war schon froh, daß er mein Goldstück nicht ganz beschlagnahmt hatte, und schnuffelte Tränen und sonstige Feuchtigkeiten in der Nase hoch. Tatsächlich holte ich mir jeden zweiten Tag meinen Dittchen ab, und Vater gab ihn mir anstandslos. Ich lief damit nicht mehr zu Jarzymbowski, denn das Fräulein scheuchte mich beim ersten Besuch mit drohenden Gebärden aus der Tür, ich wechselte als Kunde zum Kaufmann Korn über, bei dem man Bonbons auch sehr preiswert einkaufen konnte. Es gab damals, hauptsächlich vor Drogerien und Bäckerläden, eine Sorte von Automaten, wo auf einem rot lackierten Sockel eine buntgefiederte eiserne Henne saß. Warf man ein Zehnpfennigstück in den Schlitz auf ihrem Rücken, dann bewegte die Henne den Kopf, als ob sie gackern wolle, und legte ein blechernes Ei, das mit schäbigen Bonbons gefüllt war. Aus irgendeinem Grund hatten diese Blecheier unter uns Kindern einen fabelhaften Tauschwert. Für ein Ei bekam man zehn große Glasmurmeln oder drei feuervergoldete Marineknöpfe, mit denen wir ›Nipperchen‹ spielten. Bei diesem Spiel wurde solch ein Knopf in einiger Entfernung von einer Wand auf die Erde gelegt und die Spieler mußten versuchten, ihren Knopf so geschickt an die Wand zu schnellen, daß er beim Rückprall den Knopf auf der Erde traf. Traf man ihn, so hatte man den anderen Knopf gewonnen. Da ich meinen letzten Marineknopf gerade an den Alfred verloren hatte, beschloß ich eines Tages, meinen Dittchen nicht bei Kaufmann Korn, sondern in eine Henne zu investieren. Ich ließ das Zehnpfennigstück in den Schlitz der eisernen Henne klingeln, die vor dem Laden von unserm Bäcker Bartning stand. Die Henne wackelte brav mit dem Kopf und legte ihr Ei – aber zugleich mit dem Ei gab sie mir meinen Dittchen mit heraus. Er fiel in die kleine Auffangschale unter ihrem Schwanz, wo das Geld zurückkam, wenn die Henne leer war oder wenn man versuchte, sie mit einem Kupferstück zu betrügen. Und was sie da auswarf, war nicht irgendein Dittchen, der sich zufällig im Mechanismus verklemmt hatte, sondern es war meiner. Ich erkannte ihn sofort an einer Kerbung des Randes wieder, die so aussah, als hätte jemand mit einem Messer einen winzigen Nickelkeil herausgeschnitten. Na, wunderbar! So etwas nannte man

Glück. Ich konnte also aus der Henne noch ein Ei herauskitzeln.

Ich war kein besonders frommes Kind. Gewiß, die Eltern gingen hin und wieder zur Kirche, das gehörte sich so, aber im täglichen Leben brutzelten religiöse Gefühle daheim auf der Sparflamme. Vielleicht hatte Mutter in früheren Jahren eine stärkere Bindung an die Kirche gehabt, denn sie hielt darauf, daß ich ein kurzes Tischgebet und ein längeres vor dem Zubettgehen aufsagte. Wenn ich beim Tischgebet den Herrn Jesus zu Gast lud, schaute Vater, wenn es Kartoffelsuppe oder Lungenhaschee gab, mit gerunzelter Stirn starr in die Suppenterrine. – Als mir nun das Nickelstück auch nach dem zweiten Einwurf zugleich mit dem Ei aus dem Automaten fiel, da hatte ich das sichere Gefühl, daß der liebe Gott es mit mir gut meinte und mir mit dieser Münze einen Wunderdittchen beschert hatte. Und er ließ nicht aus! Ich leerte mit meinem Wunderdittchen im Verlauf einer Stunde sämtliche Automaten in der näheren Umgebung. Nicht nur die braven Hennen, der Wunderdittchen bewährte sich auch an anderen Automaten, die für einen Nickel kleine Schokoladenstangen, Pfefferminzbonbons oder Krokantriegel herausgaben. Als ich mich endlich daheim einfand, quollen mir die Süßigkeiten aus allen Taschen und, als ich den Gummizug meiner Kieler Bluse streckte, auch aus ihr heraus.

»Wo hast du all das Zeug her?« fragte Vater verblüfft, als ihm die Blecheier und Automatenpäckchen vor die Füße rollten.

»Ich habe einen Wunderdittchen!« stammelte ich atemlos, »ich kann ziehen und ziehen, wo ich will, er kommt immer wieder mit heraus!«

Mutter wechselte mit Vater, der ganz ruhig blieb,

einen langen Blick. Ihre Kehle bewegte sich dabei, als schlucke sie trockene Haferflocken.

»Gib den Dittchen mal her«, sagte Vater freundlich interessiert. Ich streckte ihm das Zehnpfennigstück zögernd hin, denn ich sah ihm deutlich an, daß er sich absolut weigerte, an ein Wunder zu glauben. Er betrachtete es lange, und als er es schließlich in der linken oberen Westentasche verschwinden ließ, da wußte ich, daß ich meinen Wunderdittchen für alle Zeiten verloren hatte. An den Vortrag, den er mir hielt, daß man auch an Automaten zum Dieb und Betrüger werden könne, erinnere ich mich nur undeutlich. Um so deutlicher an die Ohrfeige, die er mir gab, als ich ihn schreiend beschuldigte, mir meinen Wunderdittchen fortgenommen zu haben, um ihn fortan für sich selber zu verwenden. Lotte mußte die Eier und Päckchen aufheben und zählen. Es waren im ganzen noch dreiundsechzig Stück und mit jenen, die ich bereits im Magen trug, rund fünfundsiebzig.

»Sieben Mark fünfzig ...« sagte Vater schwer atmend und sah mich eindringlich prüfend an. »Nein«, fuhr er kopfschüttelnd fort und seufzte auf, »du bist kein Dieb und Betrüger – du bist einfach ein Trottel.« – Und dann wandte er sich an meine Mutter: »Verwahr das Zeug und gib es ihm in Gottes Namen nach und nach. Ich werde morgen die Geschichte mit der Automatengesellschaft in Ordnung bringen. Geb's der Himmel, daß dieses hier der einzige Wundergroschen in der Stadt ist – sonst sind wir morgen ruiniert.«

Es ist anzunehmen, daß Onkel Walter bei seinem Europa-Urlaub auch Tante Grete in Stallupönen besucht und dort tief in die Tasche gegriffen hat. Er

unterstützte sie seit Jahren, und sie hatte diese brüderliche Hilfe und Unterstützung auch wahrhaftig nötig. Sie war die jüngste Schwester meiner Mutter, und auch Mutter und Tante Elma halfen ihr nach Kräften und schickten ihr, was sie irgend entbehren konnten, Kleider, Wäsche, kleine Geldbeträge und Kindersachen, denn auch bei ihr waren die Kinder wie bei Großmutter in rascher Reihenfolge und zweimal als Zwillinge gekommen, aber von den acht Kindern, die sie geboren hatte, waren nur drei am Leben geblieben. Die Schuld am frühen Tod der meisten ihrer Kinder schrieb man ihrem Mann zu. Dieser Onkel Karl Morawski war kurz vor der Jahrhundertwende als junger Postbeamter zu einem Fortbildungskurs im Telegrafenwesen nach Berlin geschickt worden und hatte dort die rauschende Sylvesternacht zum Eintritt in das neue Jahrhundert erlebt, in dem uns der Kaiser herrlichen Zeiten entgegenzuführen versprochen hatte. In Berlin muß es in dieser Nacht hoch und noch höher hergegangen sein. In zahlreichen Lokalen schenkten die Wirte das Bier und den Schnaps unentgeltlich aus, und auch die Damen des horizontalen Gewerbes sollen ihre Gunstbeweise umsonst erteilt haben. Ob das der Wahrheit entsprach, und ob sich der arme Teufel sein Leiden bei dieser Centenarfeier geholt hat, will ich dahingestellt sein lassen; es gehörte wohl mehr zur Familienlegende.
Tante Grete jedenfalls trat ein Jahr vor Mutters Hochzeit in den Ehestand. Großvater führte seine Tochter, und Mutter den Bräutigam in die Kirche. Beim Durchschreiten eines dunklen Sakristeiganges spürte die Mutter plötzlich, daß der Bräutigam weiche Knie bekam und sich an ihren Arm klammerte. Sie fuhr in böse an, ob er sich nicht schäme, betrunken vor

den Traualtar zu treten, aber er versicherte ihr hoch und heilig, daß nicht ein einziger Tropfen Alkohol über seine Lippen gekommen sei, und er wisse selber nicht, weshalb ihm in letzter Zeit, vor allem in der Dunkelheit, die Beine zuweilen den Dienst versagten. Wenige Jahre später verschlimmerten sich die Lähmungserscheinungen, er schleppte sich von Arzt zu Arzt und wurde den grausamsten Marterkuren unterzogen, aber die Tabes schritt unaufhaltsam voran und lähmte bald nicht nur seine Beine gänzlich, auch Arme und Hände gehorchten ihm nur noch unter großen Anstrengungen. Was der Staat ihm mit seinen zehn oder zwölf Dienstjahren schließlich auf dem Gnadenwege an Pension gewährte, war ein Bruchteil von dem, was die Familie zum Leben benötigte. Nach vielen Gesuchen, zumeist von Vater geschrieben und weitergeleitet, wurde Tante Grete mit der Führung einer Postagentur auf einem Dorf in der Nähe von Stallupönen betraut. Mit seiner winzigen Rente und ihren geringen Einkünften lebten sie dort seit Jahren in den bescheidensten Verhältnissen. Mutter kam jedesmal, wenn sie Tante Grete besuchte, ganz krank von dem Elend, das sie dort erlebt hatte, nach Hause zurück. Und auch voller Bewunderung für ihre Schwester, die nie ihre gute Laune verlor, sich durch nichts unterkriegen ließ und von der Hoffnung lebte, daß ihr Karl eines Tages gesund würde und daß es dann mit ihnen wieder aufwärtsgehen werde. Es ging nie aufwärts. Der gelähmte Mann wurde mehr als siebzig Jahre alt. Er überstand die Flucht vor den Russen im Ersten Weltkrieg und öffnete sich am Ende des Zweiten Weltkrieges, während Tante Grete im Dorf die zweite Flucht vor den eindringenden Russen zu organisieren versuchte, in ihrer Abwesenheit die

Pulsadern. Ihr blieb nicht mehr die Zeit, ihn unter die Erde zu bringen.

In jenen Tagen, von denen ich hier erzähle, scheint die Kunde von einer neuen Wunderkur, mit der ein Neurologe an der Universitätsklinik Lahme gehend machte, bis nach Stallupönen gedrungen zu sein. Tante Grete schöpfte wieder einmal neue Hoffnung, steckte den ansehnlichen Geldbetrag, den ihr Onkel Walter zugesteckt hatte, in ihre Handtasche, nahm ihre drei Kinder, setzte Onkel Karl in seinen Rollstuhl, schob ihn zur Bahn, fand hilfsbereite Leute, die ihn in ein Abteil vierter Klasse (Für Reisende mit Traglasten) hoben, und lieferte ihn in der neurologischen Abteilung in Königsberg ab. Bei uns wurde im Salon die rote Plüschgarnitur beiseite gerückt, Anna holte ein ausrangiertes Bettgestell vom Speicher, für Tante Grete wurden Betten bezogen, und die Kinder bekamen ein Matratzenlager auf dem Fußboden. Ich schloß mit dem neuen Cousin Hans und mit der Cousine Trudchen rasch Freundschaft. Wir waren etwa gleichaltrig. Das jüngste der Kinder, ein Junge, war vier Jahre alt, hieß Walter und fraß Portionen, die sogar meinem Vater Respekt abnötigten. Gleich bei der ersten gemeinsamen Mahlzeit hatten wir Gelegenheit, seinen enormen Appetit zu bewundern. Dabei kratzte er sich, während er die dicke Gemüsesuppe mit der rechten Hand in sich hineinschaufelte, mit der linken unaufhörlich den Kopf.

»Was hat der Junge eigentlich?« fragte Mutter.

»Der hat dauernd so dumme Angewohnheiten, mal dies, mal das,« sagte Tante Grete und ließ sich Mutters Gemüsesuppe mit dem fetten Hammelfleisch ebenfalls gut schmecken. Aber Mutter gab sich mit der Antwort nicht zufrieden, sie stand auf, unterzog den

Kopf des Knaben Walter einer genauen Untersuchung und schrie entsetzt: »Grete! Bei dem Jungen wimmelt es ja vor Läusen!«

»Was verlangst du von der vierten Klasse Besseres?« fragte Tante Grete achselzuckend und wenig berührt, »mit was für einem Gesocks man da zusammensitzt! Er wird sich die Läuse ganz bestimmt in der Bahn geholt haben.«

Mutter nickte höflich, obwohl sie daran zweifelte, daß sich eine Laus oder auch zwei Läuse bei aller Fruchtbarkeit dieser Tierchen in so kurzer Zeit zu einem Lausegewimmel vermehren könnten. Sie untersuchte auch die Köpfe von Hans und Trudchen, konnte bei ihnen aber nichts Lebendiges entdecken. »Ich werde dem Walter nachher den Kopf mit Petroleum waschen und ihm eine Lauskappe aufsetzen, dann ist er die Bescherung morgen früh los.«

»Damit die ganze Wohnung nach Petroleum stinkt!« knurrte Vater. »Nichts da! Wozu habe ich meinen Kohinoor? Ich werde den Bengel kahl scheren und damit hat sich's ausgelaust.«

In der Küche mußte Anna alte Zeitungen auf den Boden legen, in die Mitte wurde ein Stuhl gestellt, und das Walterchen wurde auf den Stuhl gesetzt. Er hatte eine Haarbürste wie aus Draht, und Vater ölte seine Haarschneidemaschine zur Vorsicht mit einem Tropfen von Mutters Nähmaschinenöl ein, damit die Schermesser den Jungen nicht allzu sehr ziepten. Vom Hinterkopf und von den Schläfen bis zum Wirbel ging auch alles glatt, aber im Wirbel selber blieb Vaters Kohinoor kläglich stecken, er war weder vorwärts noch rückwärts zu bewegen, der Junge brüllte wie am Spieß, und die Schraube, an der sich der Apparat auseinandernehmen ließ, befand sich an der Bodenplatte, so daß an sie nicht heranzukommen war. Vater begann zu schwitzen.

»Du wirst den Jungen zum Luschnat bringen müssen, Ernst,« sagte er zu meinem Bruder, der die Prozedur bis dahin als Zuschauer mit Interesse verfolgt hatte.

»Ich? Wie komme ich dazu? Da mußt du dir schon einen anderen suchen,« sagte Ernst und verdrückte sich aus der Küche. Und bei wem blieb es schließlich hängen? Bei mir natürlich. Vater drückte mir fünfzig Pfennige in die Hand, mir half kein Sträuben, dem brüllenden Walterchen wurde einer von Vaters breitrandigen Bismarckhüten über den Kopf gestülpt, der den im Wirbel hängenden Kohinoor verdeckte, und so führte ich meinen Vetter Walter zum Friseur Luschnat, jenem, dessen Sohn so gern mit Schiffen spielte und seiner Polypen wegen die Schulbank nicht mit mir zusammen drücken durfte. Der Laden war nicht gerade überfüllt, aber als ich meinem Vetter den Hut abnahm, ließ mich auch das wiehernde Gelächter der wenigen Kunden wünschen, im Boden verschwinden zu können.

»Aha, Hausmacherarbeit!« stellte Herr Luschnat grinsend fest. Doch er machte sich sofort ans Werk, den Kohinoor vermittels einer Rasierklinge von der Kopfhaut zu lösen. »Und Läuse auch noch!« sagte er, »und was für Prachtexemplare!« Es war furchtbar peinlich; das einzig versöhnliche an der Sache war, daß ich das Fünfzigpfennigstück behalten durfte.

Tante Grete blieb mit ihren Kindern vier Wochen lang bei uns zu Gast. Mutter bemühte sich, es sich nicht anmerken zu lassen, daß die vielen Menschen in einer Wohnung, die auf so viele Besucher nicht zugeschnitten war, sie mit der Zeit doch ziemlich nervös machten. Aber selbst, wenn sie einmal aus der Haut geplatzt wäre, hätte Tante Grete das mit ihrem heiteren Gemüt kaum bemerkt und nie auf ihre Anwesenheit zurückgeführt. Sie besuchte ihren Karl täglich, redete sich und uns ein, daß es ihm schon bedeutend besser gehe, aber als sie ihn dann endlich wieder abholen und heimnehmen durfte, war er genauso gelähmt und hilflos wie zuvor, nur, daß die Leiden der langen Behandlung sein blasses Gesicht noch bleicher gefärbt und die Furchen, die sich von den Nasenflügeln zum Mund zogen, noch tiefer gekerbt hatten. Vaters Stimmung lag tagelang hinterher tief unter dem Gefrierpunkt, und ich verdrückte mich nach Möglichkeit aus seiner Nähe, aber was ich für schlechte Laune hielt, war die tiefe Erschütterung über ein Schicksal, das ihn an Gott und an Gottes Güte und Barmherzigkeit zweifeln ließ.

»Ich an seiner Stelle würde Schluß machen,« sagte er.

»Grete hätte mehr Grund dazu,« meinte Mutter.

»Sie muß abgrundtief dumm sein,« murmelte er kopfschüttelnd, »daß sie bei allem, was sie durchmacht, immer bei Humor und guter Laune ist.«

»Und ich meine, daß sie fromm ist – nicht auf die Kirchenart fromm, weißt du, sondern irgendwie innerlich ...«

»Irgendwie!« brummte Vater, dem alles Unpräzise ein Greuel war, »aber frumm und dumm, da sehe ich nicht viel Unterschied.«

Ich hatte in kurzer Zeit die Sache mit dem Wunderdittchen und mit der Bruchschokolade angestellt, und daß ich das für Herrn Luschnat bestimmte silberne Fünfzigpfennigstück heimlich kassiert hatte, war Vater auch nicht verborgen geblieben, denn Walterchen hatte mich verraten. Die Blicke, mit denen er mich betrachtete, wurden immer düsterer, und auch den Spruch von dem Krug, der solange zum Brunnen geht, bis er bricht, bekam ich immer öfter zu hören. Er brach dann wie gewöhnlich bei einem Anlaß, der mich an der väterlichen Gerechtigkeit zweifeln ließ. In jedem unserer Schulhefte trugen die Vorsatzblätter in einer ovalen Umrahmung Brustbilder unseres Kaiserpaares, Wilhelm rechts, Auguste Viktoria links, beide en face und doch einander hold zulächelnd, genau wie die Fotos von Vater und Mutter auf der ersten Seite des silberbeschlagenen Familienalbums. Ob es ein alter Trick oder der Genieblitz im Hirn eines meiner Klassenkameraden war: wenn man dem Kaiser und seiner erlauchten Gemahlin mit Mutters Stickschere die Augen fein säuberlich ausschnitt, ein weißes Blatt hinter die Vorsatzseite legte und in die leeren Augenhöhlen blaue oder schwarze Punkte malte, dann konnte man Wilhelm II. und Auguste Victoria je nach Lust und Laune schielen oder die Augen rollen lassen. Und wenn man den beiden dazu noch die Lippen vorsichtig aufschlitzte, die Zahnreihen säuberlich entfernte und auf dem hinteren Blatt zwei kleine Schnitzel aus rotem Papier anklebte, dann konnten Kaiser und Kaiserin bei einiger Fingerfertigkeit sogar die Zungen herausstrecken und wieder einziehen. Und dieses mit größeren technischen Schwierigkeiten verbundene Zungenkunststück war meine ureigene Erfindung, die mich für Tage zum unbestrittenen Helden und Führer in der Klasse machte. Keine innere Stimme raunte mir zu, die Spielereien mit Kaiser und Kaiserin nur heimlich zu treiben, aber ich konnte ja auch nicht ahnen, mit welcher Liebe und Verehrung Vater am Hause Hohenzollern hing. Als ich ins Zimmer stürzte, um ihm meine geniale Erfindung glühend vor Eifer vorzuführen, wurde er blaß und starrte sekundenlang stumm auf mein Kunstwerk. Ich hielt es so lange für die tiefe Ergriffenheit eines Vaters, der dem Sohn das größere Talent nicht neidet, bis ich plötzlich auf seinem Knie lag und meinen Hintern unter der fürchterlichsten Abreibung brennen spürte, die er mir je verabfolgt hatte. Mutter wollte dazwischen gehen, aber er scheuchte sie zurück: »Das ist nicht einfache Majestätsbeleidigung,« brüllte er, »das ist Schändung der Majestäten, brutale und gemeine Schändung!!« Und während ich heulend ins Bett schlich, untersuchte er meinen Schulranzen, riß aus sämtlichen Heften die geschändeten Majestäten heraus und warf die Blätter auf die Glut des Kachelofens. Der einzige, der sich für meine ersten künstlerischen Versuche interessierte, war mein Bruder Ernst. Der Trick, den Bildern des Kaiserpaares durch künstliche Augäpfel mehr Leben zu verleihen, schien ihm nicht neu zu sein, aber wie man die hohen Herrschaften auch noch dazu bringen konnte, dem Betrachter die Zunge zu zeigen, das ließ er sich genau erklären.

Bei Vater hatte ich das Kraut für lange Zeit ausgeschüttet. Er betrachtete mich, wenn er mich überhaupt eines Blickes würdigte, als frage er sich, was er da für ein Monstrum in die Welt gesetzt habe. Meine Schwestern nutzten den Umstand, daß ich in Ungnade gefallen war, in der gemeinsten Weise aus, indem sie mir unter Drohungen und Zwang gute Tischmanieren beizubringen versuchten. Wenn ich beim Essen schmatzte oder die Suppe schlürfte, machten sie gequälte Gesichter und behaupteten dreist, wenn sie mich essen hörten, dann würde ihnen schlecht und es vergehe ihnen aller Appetit. Und um mir ›das Essen mit den Ellenbogen‹ abzugewöhnen, steckten sie mir wahrhaftig die kleinen Teller von Mutters Frühstücksgeschirr unter die Achseln und zwangen mich so, aufrecht wie ein Stock zu sitzen und die Oberarme an die Rippen zu pressen, wenn ich Messer und Gabel benutzte. Es war eine richtige Tortur. Alles in allem, so gut das Jahr auch begonnen hatte, so schlecht endete es für mich. Zudem bekam ich kurz vor Weihnachten noch die Masern, mein Bett wurde in das fensterlose Dunkelkabinett gestellt, in dem die Eltern schliefen, und da man allgemein glaubte, ein Blick in helles Licht führe bei Masern sofort zu totaler Erblindung, durfte ich am Heiligen Abend den Tannenbaum mit seinem Kerzenschmuck nur für einen flüchtigen Augenblick sehen. Als Geschenke bekam ich einen Druckkasten mit Gummilettern und eine Schachtel, auf der »DER KLEINE GIPSFORMER« zu lesen stand. Der Inhalt bestand aus einem Säckchen Alabastergips und einigen blanken Blechformen, in die man den Gipsbrei hineingoß; nach dem Erstarren der Gipsmasse ließen sich kleine Medaillons mit den Köpfen der preußischen Könige von Friedrich dem Großen bis zu Wilhelm II. in flachen Reliefs aus den Formen lösen. Der hatte mir gerade noch gefehlt! Und was man mit den Gipsmedaillons anfangen sollte, stand in der Gebrauchsanweisung auch nicht zu lesen. Aber so oder so, in der Finsternis des Kabinetts konnte ich mit beiden Geschenken ohnehin nicht viel anfangen.

Ja, die Schändung der kaiserlichen Majestäten hat Vater mir lange nicht vergessen und nicht vergeben. Erst, als ich ihm eine Fotografie des Kaisers mit dessen eigenhändiger Unterschrift heimbrachte, die der Kaiser mir persönlich durch seinen Adjudanten überreichen ließ, begannen seine Zweifel an meiner Hohenzollerntreue zu schwinden. Es war nämlich inzwischen das Jahr angebrochen, in dem das fünfundzwanzigjährige Regierungsjubiläum des Monarchen in ganz Deutschland festlich begangen wurde. Ich hatte die Vorschule bei Herrn Hoffmann hinter mich gebracht und war in der Rangordnung als drittbester der Septima in die Sexta des Gymnasiums versetzt worden. Die Deklination von mensa eröffnete neue geistige Perspektiven, und am Horizont zogen die dunklen Wolken des Bruchrechnens auf. Natürlich beehrte Se. Majestät auch die Krönungsstadt der preußischen Könige mit seinem Besuch und schlug eine ehrfurchtsvolle Einladung unseres Geheimrats nicht aus, einer Gründung seines erlauchten Ahnherrn, Friedrichs des Großen, eine kurze Visite abzustatten. Die Schulräume wurden geschrubbt und auf Hochglanz gebracht, wie eine Kaserne, die eine Inspektion des Kommandierenden Generals erwartet. Man tat, als ob sich der Kaiser höchstpersönlich mit weißem Handschuh wie ein Stabsfeldwebel davon überzeugen werde, daß nicht einmal über dem Türrahmen ein Stäubchen seine Spur auf dem prüfenden Handschuhfinger hinterlassen werde. Der Geheimrat bereitete sich auf die Rede vor, die er im Angesicht Sr. Majestät halten wollte, und zwei Schüler, ein Primaner und ein Sextaner, sollten den Kaiser durch den Vortrag eines Festgedichtes erfreuen. Unser Klassenleiter war Herr Dr. Latte mit dem Spitznamen Bakulus. Er kannte uns noch nicht lange genug, und so zog er Herrn Hoffmann hinzu, um sich von ihm beraten zu lassen, wer von uns begabt genug und auch würdig sei, vor Se. Majestät zu treten. Herr Hoffmann nannte ihm zwei Namen, den von Helmut Schleckat und meinen.

Wenn es nur nach der Würdigkeit gegangen wäre, hätte Herr Dr. Latte wahrscheinlich unserem Primus Schleckat den Vorrang gegeben. Auch seine Aussprache bei Lese- und Vortragsproben war besser als meine, nur hatte er eine Art, Vokale und Konsonanten so überdeutlich zu artikulieren und diese Artikulation durch Mundbewegungen zu unterstützen, als wünsche er, sich einem Taubstummen verständlich zu machen. Und taubstumm war unser Kaiser nun wahrhaftig nicht. Herrn Dr. Latte gefiel mein lebhafterer, wenn auch nicht so deutlich artikulierter Vortrag besser, und so wurde ich dazu bestimmt, vor Sr. Majestät zu erscheinen.

Es war bekannt, daß der Kaiser, wie schon sein Ahnherr Wilhelm I., die Kornblume liebte. Und so begann das Gedicht mit dem ich ihm huldigen sollte, mit der Strophe: Unser Kaiser liebt die Blumen – denn er hat ein schlicht Gemüt – doch vor allem liebt er eine – die auf Preußens Fluren blüht. – Es hatte noch eine ganze Menge von Strophen ähnlich poetischen Inhaltes. Während des Vortrags sollte ich einen Kornblumenstrauß in der Hand halten und diesen Blumenstrauß dem Kaiser nach Beendigung des Gedichts mit einer tiefen Verbeugung überreichen. Bei den zahllosen Proben hielt ich statt der Kornblumen einen Kastanienzweig in der Hand, den Herr Dr. Latte von einem der Bäume abriß, die den Schulhof einsäumten. Am Vortrag hatte er bald nichts mehr auszusetzen, dafür um so mehr an der Verbeugung, die einmal zu eckig, ein andermal zu hastig, dann nicht ehrfurchtsvoll genug und dann zu byzantinisch ausfiel. Ich hatte es nicht leicht, es Herrn Dr. Latte recht zu machen.

Der Besuch der Majestäten – denn natürlich begleitete Kaiserin Auguste Victoria ihren Gemahl, wenn auch nicht zu unserer schlichten Schulfeier – fand an einem Septembertag statt. Es herrschte strahlendes Kaiserwetter. Der Himmel wölbte sich in makellosem Blau über der Stadt. Die Regimenter, die auf Herzogsacker zur Kaiserparade aufmarschiert waren, konnten sich keinen besseren Tag wünschen. Alles war auf das trefflichste vorbereitet, ich hatte in einem neuen weißen Matrosenanzug mit langen weiten Marinehosen die Generalprobe glänzend bestanden, man hatte an alles gedacht, nur nicht daran, daß die Äcker abgeerntet waren und daß um diese Jahreszeit auf den Fluren und Feldern der ganzen Provinz keine Kornblume zu finden war. Auch nicht in den Gärtnereien, denn dort züchtete man Rosen und Nelken, aber kein Unkraut. Man erwog schon, aus den verdammten Kornblumen sanfte Veilchen zu machen, aber da stimmten die zweisilbigen Veilchen mit den oftmals erwähnten dreisilbigen Kornblumen nicht mehr im Rhythmus und dadurch holperte auch das Versmaß. Und ob der Kaiser auch die Veilchen liebte, wußte man vielleicht in Berlin, aber nicht hier. In dieser Notstandssituation hatte Mutter eine geniale Idee. Sie besann sich, daß in einem Korb auf dem Speicher einer ihrer alten Hüte vergammelte, der eine üppige Garnitur blauer Kornblumen trug. Sie fackelte nicht lange, der Hut wurde vom Speicher geholt und seines Blumenschmuckes beraubt. Sie waren schon ein wenig staubig und verdrückt und auch von der Sonne gebleicht, aber meine Schwester Else besuchte ja die Gewerbeschule mit den Kursen für Haushalt und Handarbeiten nicht umsonst, mit der seidigen Bürste für Vaters Zylinderhüte, mit dem Bügeleisen und ein wenig Farbe aus dem Malkasten brachte sie die Kornblumen auf Hochglanz. Etwas frisches Farnkraut wurde dazu gebunden, unten bekam der Strauß eine weiße Manschette, das Problem war gelöst und ich konnte vor meinen Kaiser treten. Der Herr Dr. Latte besah sich das Gebinde zwar mit einiger Besorgnis, aber etwas Besseres konnte er auch nicht herbeischaffen.

Die Feier fand am frühen Vormittag statt. Der Kaiser erschien mit kleinem Gefolge, aber in großer Uniform. Ein prächtiger Anblick! Die Schule war in der Aula versammelt, und wir hörten die berühmte Autofanfare, als die kleine Kolonne in den Schulhof einfuhr und vor dem Hauptportal hielt. Der Geheimrat empfing Se. Majestät, ein Adjutant flüsterte ihm etwas ins Ohr, und darauf fiel die lange Rede, die er in den letzten Tagen ständig memoriert hatte, sehr kurz aus. Der Kaiser hörte sich die Ansprache stehend an, er nickte dem Geheimrat huldvoll zu und nahm dann unterhalb des Katheders in einem blumengeschmückten Sessel Platz, der aus des Geheimrats Privatmobilar für ihn aufgestellt worden war. Zuerst trug der Primaner seine Festhymne lautstark und mit edlen Gesten vor, und dann kam ich an die Reihe. Herrn Dr. Latte lief der Schweiß von der Stirn, aber er hätte nicht zu schwitzen brauchen, denn es ging alles tadellos. Zum Schluß trat ich vor den Kaiser hin und überreichte ihm mit der lang geprobten tiefen Verneigung die Kornblumen aus Mutters Hut. Er nahm sie in Empfang, warf einen flüchtigen Blick darauf – und machte ein Gesicht, als ob er ein angebrütetes Ei aufgeschlagen habe. Dann reichte er die Blumen seinem schneidig eleganten Adjutanten weiter. Dieser wiederum griff hinter sich, ließ sich die Kornblumen von einem dritten Offizier abnehmen und sich von einem vierten zwei Kaiserbilder mit des Kaisers

Unterschrift geben, um sie dem Primaner und mir zum Andenken an unsere Begegnung mit Sr. Majestät zu überreichen. Außerdem bekamen wir beide eine Ehrenkarte, die uns berechtigte, die Kaiserparade von einer Tribüne aus zu beobachten, die für einige Damen und Herren des Adels und für die Honoratioren der Stadt errichtet worden war.

Die Parade fand im Anschluß an die Schulfeier statt. Ich rannte neben dem Primaner hinter der kaiserlichen Autokolonne her, die, von den jubelnden Menschenmassen zu beiden Seiten der Straße aufgehalten, nicht allzu rasch vorankam. »Daß man sich mit so was behängen muß!« sagte er und trieb mich vorwärts, »los, los, du trübe Tasse, geht's noch?«

Es ging, und es machte mich mächtig stolz, von ihm überhaupt beachtet und sogar leutselig angesprochen zu werden. Ich bewunderte ihn, denn er war der beste Turner der Schule und dazu das As unserer Schlagballmannschaft, die in den letzten Wettspielen alle bis auf die Kneiphöfer besiegt hatte und von denen auch nur unglücklich geschlagen worden war. Ein bildhübscher, drahtiger und eleganter Mensch, in dessen Adern blaues Blut floß, während ich, wenn ich mich in den Finger schnitt, nur ganz gewöhnliches rotes hergab. Wir versäumten nichts, denn ohne den Kaiser konnte die Parade nicht beginnen, und wir trafen nur wenige Minuten nach ihm auf Herzogsacker ein.

Zuerst war es ja auch wirklich ein prächtiger Anblick, wie unsere Kürassiere in ihren weißen Uniformen mit den silbernen Brustharnischen und blitzenden Nakkenhelmen in breiter Front anritten, gefolgt von schwarz uniformierter bespannter Artillerie, von klingenden Spielmannszügen und dem Stechschritt der Infanteristen. Und dann zog als Höhepunkt der Kaiserparade, hoch droben in der goldenen Septemberluft, von den Menschenmassen, die den Rand des Exerzierplatzes säumten, bestaunt und bejubelt, eine Rumpler-Taube ihre knatternden Schleifen. Der junge Mann, an dessen Seite ich das erste Flugzeug durch die Luft kurven sah, jubelte nicht. Atemlos und mit großen Augen verfolgte er die Manöver des kleinen Aeroplans mit einer Verzückung, als erblicke er eine überirdische Erscheinung.

»Eine Rumpler-Taube!« stieß er mit keuchendem Atem hervor, und seine Finger schlossen sich wie eine Eisenklammer um meinen Arm, »sieh sie dir genau an, du Gartenzwerg! Der Mensch kann fliegen! Ich hab's nicht glauben wollen. Er kann wahrhaftig fliegen! Wie ein Vogel fliegen!« Und er starrte der am Horizont entschwindenden Maschine mit ausgebreiteten Armen nach, als ob er ihr nachflattern wolle.

Wenige Jahre später erschien er, vom Geheimrat fast so feierlich empfangen wie der Kaiser am heutigen Tag, noch drahtiger und noch eleganter, als ich ihn von dem Erlebnis der ersten Rumpler-Taube über Herzogsacker in Erinnerung hatte, im Schmuck des frisch erworbenen Pour le mérite und mit einer unsäglich flott geknifften Leutnantsmütze auf dem Kopf in unserer Schule und ließ sich von dem Geheimrat als Held feiern. Aber der Bericht, den er uns von dem hohen Pult der Aula über seine Heldentaten auf Wunsch des Geheimrats geben sollte, fiel sehr zurückhaltend aus. Und es dauerte auch nicht lange, daß der Geheimrat nach dem griechischen Vortrag der berühmten Trauerrede, die Perikles einst für die Gefallenen des Peloponnesischen Krieges gehalten hatte, mit bewegter Stimme und feuchten Augen inmitten der vielen Namen von ehemaligen Schülern

seiner Anstalt, die für Kaiser und Reich den Heldentod erlitten hatten, auch seinen Namen nannte.
Aber noch ritten sie und noch marschierten sie, von denen so viele sterben sollten, vor den Augen ihres allerhöchsten Kriegsherrn im Parademarsch dahin. Doch bald nebelten dicke gelbe Staubwolken das bunte Bild ein. Mein Interesse begann dahinzuschwinden, und mit der abnehmenden Aufmerksamkeit stellte sich eine innere Not ein, die mich schrecklich zu quälen begann. Der Primaner bemerkte es schließlich, wie ich immer schneller von einem Bein und von einem Fuß auf den anderen trat; er blickte sich ratlos um und zischte mir zu: »Um Gottes willen, du kleines Rindvieh, hier kannst du doch nicht pinkeln! Mach bloß, daß du wegkommst!«
Und ich machte, daß ich wegkam. Ach, wenn es nur um das bißchen Pinkeln gegangen wäre! Aber es war die große innere Not. Und wohin ich auch blickte, auf diesem riesigen Exerzierplatz gab es nirgendwo einen Busch oder ein verstecktes Plätzchen, das mir aus meiner Not hätte helfen können. Und so schlich ich, des Kaisers Bild mit seiner eigenhändigen Unterschrift unterm Arm, im weißen Matrosenanzug, aber mit vollen Hosen heimwärts.

Die Vorschule lag also hinter mir. Herr Hoffmann hatte uns das Lesen und Schreiben gründlich beigebracht und mir damit eine neue Welt erschlossen. Als Wildtöter durchstreifte ich an der Seite meines roten Freundes Chingachgook und mit Unkas, dem letzten der Mohikaner, die Urwälder Nordamerikas und die weiten Prärien mit den dahinstampfenden Büffelherden. Das Packeis trug mich mit Frithjof Nansen durch

Nacht und Eis. Mit Livingstone folgte ich der blutigen Spur der Sklavenkarawanen quer durch den schwarzen Kontinent. Als Robinson Crusoe rettete ich mich schiffbrüchig an den Strand von Juan San Fernandez, schlüpfte alsbald in die schwarze Haut von Freitag und ließ mich aus den Händen blutgieriger Kannibalen befreien. Als Jim Hawkins verbarg ich mich mit wild klopfendem Herzen an Bord der Hispaniola in der Apfeltonne. Ich verschlang jedes Buch, das mir in die Hände kam, und ein ausgeprägtes visuelles Gedächtnis ermöglichte es mir, gegen ein kleines Vortragshonorar vor staunenden Zuhörern ganze Seiten aus dem Lederstrumpf oder aus den Tiergeschichten von Ernest Seton Thompson auswendig zu zitieren. Lesen, Bücher, ich hatte eine Leidenschaft entdeckt, die mich ein ganzes Leben lang nie mehr loslassen sollte.

Zur Belohnung für das gute Versetzungszeugnis nach Sexta durfte ich in den Sommerferien zu den Großeltern nach Lyck fahren, zum erstenmal allein, ohne Aufsicht und ohne Begleitung. Die Eltern brachten mich zum Bahnhof, und Vater überließ mir die Entscheidung, dritter oder vierter Klasse zu fahren; als ich hörte, daß ich den Differenzbetrag behalten dürfte, wählte ich selbstverständlich die vierte Klasse für Reisende mit Traglasten. Vater löste das Billett und drückte mir zu der Mark, die ich erspart hatte, noch ein Fünfzigpfennigstück in die Hand. Dann setzten sie mich in eines der Abteile mit dem großen freien Mittelraum und den rings um das Abteil angebrachten harten Holzbänken. Mutter, in einem neuen Sommerkostüm sehr elegant, legte ein Päckchen mit belegten Broten und eine Rolle mit sauren Fruchtbonbons auf mein Köfferchen, und dann standen sie vor der offenen Abteiltür, warteten auf den Abgang des Zuges und gaben mir die letzten guten Ratschläge mit auf den Weg: »Nach zwei Stunden kommt Korschen«, sagte Vater, »dort hält der Zug eine halbe Stunde, weil es der größte Eisenbahnknotenpunkt ist. Wenn du Durst bekommst, dann kannst du am Bahnhofsbüfett etwas trinken, aber kein Bier sondern Limonade, verstanden?!« Die Mitreisenden versprachen Vater, streng darauf zu achten, daß ich in Korschen kein Bier, sondern Limonade trinken würde.

»Und in Lyck holt dich Großvater von der Bahn ab«, sagte Mutter.

»Und lauf nicht auf dem Perron herum, sondern bleib stehen und warte ab, bis du ihn siehst!« sagte Vater.

»Und sitz im Zug ruhig und benimm dich manierlich!« sagten beide. Und dann setzte sich der Zug endlich in Bewegung, und sie winkten mir nach, und ich winkte zurück. Wie Vater es vorausgesagt hatte, hielt der Zug in Korschen eine halbe Stunde lang, aber ich konnte mein Geld sparen, denn eine Frau gab mir von ihrem Tee, von dem sie zwei Literflaschen auf die lange Reise mitgenommen hatte, einen Becher ab. In Lyck angekommen, entdeckte ich Großvater sofort, denn mit seiner Größe war er wirklich nicht zu übersehen. Die Freude des Wiedersehens nach so langer Zeit war beiderseits riesengroß, und Großvater war mächtig stolz auf mich, als ich ihm erzählte, daß ich nach Sexta versetzt worden sei.

»Das wird auch Großmutter freuen«, sagte er, »nur schade, daß sie das Zuckerei umsonst geklopft hat – oder essen auch Sextaner noch solch ein süßes Geschlabber?«

Er konnte bald feststellen, daß auch Sextaner es nicht für unter ihrer Würde hielten, ein Zuckerei zu essen.

Ich machte eine überraschende Entdeckung, nämlich daß die beiden geliebten Menschen alte Leute geworden waren. Großmutter hatte die letzten Zähne verloren und kam beim Essen mit ihrem Kinn fast bis zur Nasenspitze, und Großvater war noch dicker und so bequem geworden, daß er den kurzen Weg zum Frühschoppen beim Bienkowski nur noch mit dem Einlegen von Verschnaufpausen schaffte. Seine Stammtischrunde tagte noch vollzählig, aber auch seine Freunde hatten sich verändert. So schlimm hatten die Hände von Herrn Caspary früher nicht gezittert, und so weiß hatte ich den Bart von Herrn Schlüter auch nicht in der Erinnerung. Auch Herr Bienkowski bekam die Füße nicht mehr vom Boden, wenn er zwischen Theke und Stammtisch hin- und herschlurfte.

»Der Jung ist nach Sexta versetzt worden!« verkündete Großvater seinen Freunden, »was sagt ihr dazu?«

Es schien ihnen sehr zu imponieren, am meisten wohl Herrn Bienkowski, denn er sagte zu Großvater: »Ja, Heinrich, da wird dir nun nichts anderes übrig bleiben, als deinem Sextaner einen Grog zu spendieren.«

»Aber nicht bis zu den Kirchenfenstern, Gustav!«

Die Groggläser waren bis zur Hälfte geschliffen, und der Schliff endete in Spitzbögen, die den gotischen Fensterbögen der Lycker Kirche ähnelten. Ich bekam meinen Grog, sehr dünn und wässerig, aber immerhin, es war ein Anfang. Bei den Herren wurde der Rum genau bis zur Höhe der Schliffbögen in die Gläser gefüllt, und das ergab ein ziemlich kräftiges Gebräu. Es ist durchaus möglich, daß Großvater an diesem Vormittag etwas zuviel davon erwischt hat. Sein

Appetit beim Kalbsbraten, den Großmutter uns zum Mittagessen vorsetzte, litt darunter nicht. Aber nach der Mahlzeit legte er sich gleich zu Bett. Leider war er wirklich allzu bequem und unbeweglich geworden, denn sogar bei jenen Verrichtungen, zu denen, wie man sagte, sogar der Kaiser zu Fuß gehen mußte, vermied es Großvater, sich zu erheben; er hatte eine Spezialtechnik entwickelt, die Sache liegend zu erledigen. Dabei geschah es nun gleich an meinem ersten Ferientag, daß er trotz aller Technik und langen Übung das Gleichgewicht verlor, so lang und so schwer wie er war, aus dem Bett fiel, genau auf den seinen Körpermaßen entsprechend überdimensionierten Topf aus Steingut, der dem Gewicht nicht standhielt und ihm drei Rippen eindrückte. Damit nicht genug, drangen ihm auch noch einige Splitter tief durch die Haut, und um das Unglück voll zu machen, brach er sich bei dem Versuch, sich zu erheben, den rechten Arm. Großmutter schickte mich zum Sanitätsrat Wollschläger, der inzwischen auch recht klapprig geworden war. Er zog Großvater die Splitter aus dem Bauch, verpflasterte ihm die angebrochenen Rippen, legte ihm den Arm in Gips und empfahl ihm für die Zukunft dringend, Flüssigkeiten so von sich zu geben, wie er sie zu sich nahm, also nicht in horizontaler, sondern möglichst vertikaler Haltung.

Der gebrochenen Rippen wegen mußte Großvater vierzehn Tage lang im Bett bleiben. Großmutter pflegte ihn mit leichter Krankenkost, Karpfen in polnischer Soße, kräftiger Hühnerbrühe, Hirn mit Ei und gebratenen Täubchen. Obwohl er nur flach atmen konnte, wollte er das Rauchen nicht lassen; so stopfte ich ihm seine langen Pfeifen, und die Zeit wurde ihm nicht lang, denn seine Freunde ließen ihn nicht im

Stich und erschienen, als er sich wieder halbwegs auf dem Damm fühlte, Tag für Tag pünktlich um drei Uhr zum Skat. Weil er den rechten Arm aber in Gips trug und die Finger nur unter Schmerzen bewegen konnte, mußte ich ihm die Karten halten, und er spielte das Blatt mit der linken Hand aus. Dafür bekam ich pro Stunde zehn Pfennige. Etwa nach zwei Wochen, als sie schon eine Weile gespielt hatten, Herr Caspary, Herr Schlüter und Großvater – Herr Bienkowski kam selten, denn er mußte ja sein Lokal besorgen –, sagte Großvater, nachdem er bis achtundvierzig gereizt hatte, ein Kreuzspiel ohne drei an. Herr Schlüter, ein pensionierter Forstmann, überlegte nicht lange, sondern knallte den Handrücken gegen seinen Kartenfächer und sagte: »Nur mit einer Spritze, Heinrich!« – Großvater starrte in seine Karten und stand vor einer schweren Entscheidung. Er hatte mit dem Karo-Buben sieben Trümpfe in der Hand und wußte nach dem Contra, daß sein Freund Schlüter drei Buben und den Kreuz-König im Blatt hielt. »Na, los, Opa«, sagte ich, »gib ihm Re!«

»Der Bengel ist verrückt«, brummte er, aber dann, sich ermannend, schrie er laut: »Re, ihr Brüder!« und begann, mit den kleinen Kreuzen die dicken Trümpfe des Gegners abzuziehen. Bis zum achten Stich ging alles nach Wunsch, aber dann wurde die Geschichte etwas brenzlig. In dem Augenblick aber, als er die Karo-Dame ziehen wollte, fiel ich ihm in den Arm und rief: »Die Zehn, Opa, die Zehn!«, denn das As hatte Herr Caspary gleich zu Anfang auf den Kreuz-Buben von Herrn Schlüter geschmiert. Er überlegte eine Weile und dann sagte er wie betäubt: »Gottsdonner, der Lorbaß hat recht und ich gewinne das Spiel!« Herr Schlüter stach die Dame zwar noch mit seinem

König, aber Großvater hatte zweiundsechzig Augen nach Hause gebracht. Und Herr Schlüter legte mir die Hand auf den Kopf und sagte ganz feierlich: »Heinrich, der Jung ist ein Wunderkind!« Und Herr Caspary nickte mit dem Kopf und erklärte mit seiner tiefen Baßstimme: »Heinrich, der Jung ist wahrhaftig ein Genie!« – Und schon am nächsten Tag erzählten sie es beim Frühschoppen dem Bienkowski und den anderen Stammgästen, daß ich mit neun Jahren ein Kreuzspiel ohne drei mit Contra und Re gewonnen hätte, und Großvater teilte in den letzten Ferientagen mit mir jedesmal seinen Gewinn, und ich fuhr mit fünf Mark vierzig in der Tasche nach Hause!

Dort erwartete mich eine Überraschung. Schon lange hatte Mutter dem Vater in den Ohren gelegen, daß die Wohnung in der Ziegelstraße zu eng sei und daß sie krank würde, wenn sie noch länger in dem fürchterlichen Kabinett ohne Luft und ohne Licht schlafen müsse. Es störte sie auch, daß Frau Dalgahn im Hinterhaus ein Zimmer an einen Setzer von der Hartungschen Zeitung vermietet hatte, der jede Nacht sternhagelvoll über den Hof torkelte und schon dreimal versucht hatte, bei meinen Schwestern ins Zimmer einzusteigen. Aus Besorgnis um Mutters Gesundheit und um die Ehre seiner Töchter bangend sah Vater sich veranlaßt, sich nach einer neuen Wohnung umzusehen, und er hatte schließlich eine gefunden, deren Mietpreis seine finanziellen Verhältnisse allerdings ein wenig überstieg. Sie lag in der Tiergartenstraße, enthielt sechs große Zimmer und einen Wintergarten im ersten Stockwerk, und dazu gehörte noch ein Turmzimmer, das mein Bruder sofort für sich in Beschlag nahm. Ja, das Haus besaß einen mit blauem Schiefer gedeckten Eckturm, dessen Pendant an der anderen Seite des Hauses stand. Das Ganze machte einen hochherrschaftlichen Eindruck, vor allem durch eine parkähnliche Anlage auf der anderen Straßenseite, und auch durch die Worte, die über der Eingangstür in einem schildähnlichen Gebilde aus Gips standen: MEIN HEIM IST MEINE BURG. Und die Wohnung besaß nicht nur ein Badezimmer und ein richtiges Spülklosett, sie hatte auch in allen Räumen elektrisches Licht. Wir alle waren hell begeistert.

Über uns wohnte ein Kriminalkommissar, den ich mit Bewunderung und Ehrfurcht betrachtete, denn ich begann mich nach der Lektüre einer Heftserie mit dem Titel ›Nat Pinkerton, der König der Detektive‹ brennend für Kriminalgeschichten zu interessieren. Die Wohnung im Parterre gehörte einem alten Musikprofessor vom Konservatorium, dem weiße Haare bis auf die Schultern fielen und der mit einer großen Warze auf der Wange nach Meinung meiner musikverständigen Schwestern genau wie Franz Liszt aussah. Rechts unten auf der anderen Seite des Treppenhauses lebten Onkel Fritz und Tante Emilie, ein Bruder und eine Schwester von Großmutter. Und das war das einzige, was den Eltern an der neuen Wohnung nicht ganz zu behagen schien, denn sie standen zu dieser Verwandtschaft in einem kühlen Verhältnis. Es muß da einmal vor Jahren für Vater eine prekäre Situation gegeben haben, in der er sich an Onkel Fritz, der für wohlhabend galt, gewendet hatte und abschlägig beschieden worden war.

Dieser Onkel Fritz – eigentlich mein Großonkel – war Major a. D. und hatte unter dem Feldmarschall Waldersee den Chinafeldzug mitgemacht, aber dort scheint ihm etwas Strategisches mißlungen zu sein, so daß er an der Majorsecke scheiterte und in Pension ging. Im allerengsten Familienkreise munkelte man auch, daß er ganz China ausgeraubt habe und aus diesem Grunde verabschiedet worden sei. Aber das rührte wohl daher, daß er seine Wohnung wie ein Museum für chinesische Kunst eingerichtet hatte, mit kostbaren Teppichen, riesigen Porzellanvasen, gobelinartigen Wandbehängen aus gelber Seide mit Blumen, Vögeln, Affen und sonstigem Getier bestickt, und Glasvitrinen, die altertümliches Porzellan und allerlei zierliches Schnitzwerk aus Jade und Elfenbein enthielten. Wie er es geschafft hatte, alle diese Dinge von beträchtlichem Wert während des Boxeraufstandes nach Deutschland transportieren zu lassen, blieb sein Geheimnis. Tante Emilie, die ihm die Wirtschaft führte, erinnerte in nichts an Großmutter; sie war eine säuerliche alte Jungfer, der zudem eine Facialis die linke Gesichtshälfte gelähmt hatte, so daß Auge und Mundwinkel tief herabhingen. Eine Schönheit war sie wirklich nicht. Um so besser sah er aus. Zwar war er ein Mann von kleiner Statur, aber dennoch eine beeindruckende Erscheinung, immer wie aus dem Ei gepellt, mit einem scharf geschnittenen Gesicht, schneeweißem, vollem Haar, energischem Gang und straffer, militärischer Haltung. Man sah ihn oft am Südfenster sitzen, wo er sich von der Sonne bräunen ließ; sommers und winters hatte er eine Hautfarbe, als käme er gerade von einer Safari zurück. Er war ein leidenschaftlicher Jäger und hatte unter den Gutsbesitzern der Provinz viele Freunde, die ihn oft zur Jagd einluden. –

In dem neuen Haus in der Tiergartenstraße wohnten nur ältere Leute, und die Ehe des Kriminalkommissars war auch kinderlos geblieben. So mußte ich mir neue Freunde in der Nachbarschaft suchen, und fand sie auch bald. Es waren zwei Brüder, Rudi und Helmut Gutbrod, die bei ihren Großeltern, dem Opa und der Oma Gutbrod, lebten. Sie kamen aus Berlin, wo ihr Vater ein Möbelgeschäft besaß. Ihre Mutter war gestorben, als der jüngere Helmut gerade ins schulpflichtige Alter kam, und da ihr Vater sein Geschäft nicht aufgeben konnte und für die Betreuung seiner Söhne nicht genug Zeit fand, überließ er ihre Erziehung seinen Eltern. Es war die gleiche Erziehung, die ich bei meinen Großeltern in Lyck gefunden hätte: die beiden Jungen durften tun, was sie wollten. Opa Gutbrod, ein kleiner Mann, den man nie ohne ein schwarzes, besticktes Samtkäppchen auf dem kahlen Schädel sah, lebte in guten Verhältnissen. Ihm gehörten drei stattliche Mietshäuser in der Hermannallee und ein geräumiges Gartenhaus, das er mit Oma Gutbrod und den beiden Enkeln bewohnte. Hinter den Mietshäusern aber lag, mehr als hundertfünfzig Meter lang und etwa fünfzig Meter breit, ein Obstgarten, und das war nun wirklich die erfreulichste Seite an der neuen Freundschaft.

Opa Gutbrod war von Beruf Gärtner und hatte die Häuser erst gebaut, als ihm die Gartenarbeit zu mühsam wurde. Die Pflege der Obstbäume aber war sein Steckenpferd geworden, und davon verstand er schon von Berufs wegen eine Menge. Er pfropfte und okulierte unermüdlich neue Apfel- und Birnensorten auf die alten Stämme, zuweilen drei verschiedene Sorten auf einen Baum, und heimste mit seinen Erzeugnissen auf den Ausstellungen des Gartenbauvereins Hufen alljährlich als Preise Pokale, Diplome und Medaillen ein. Das Fallobst überließ er uns, und auch zwei Spillenbäume mit kleinen, gelben, pflaumenähnlichen zuckersüßen Früchten; diese durften wir schütteln, solange noch eine Spille am Baum hing. Anderes Obst zu pflücken war uns streng verboten, und ich habe den Opa Gutbrod nur einmal richtig wütend gesehen, als wir ihm eine Birne stahlen, die er gegen Vogel- und Insektenfraß mit einem Schleier aus grüner Gaze geschützt hatte. Es war eine neue Züchtung und ein Einzelstück dazu, denn die anderen Fruchtansätze hatte er zeitig entfernt, um alle Kraft und Süße in dieses Unikum strömen zu lassen; sie war prächtig gediehen, auf der Sonnenseite purpurrot und auf der Schattenseite goldgelb, eine Birne von der Größe eines Kinderkopfes. Er hätte mit ihr auf der Ausstellung ganz gewiß den ersten Preis gewonnen. Als er den Frevel entdeckte, stieß er ein richtiges Wutgeheul aus, griff nach einem dicken Knüppel und jagte uns nach, aber wir hatten längere und schnellere Beine als er. Wir bezweifelten auch sehr, ob er den Silberpokal bekommen hätte, auf den er sich Hoffnung gemacht hatte, denn im Geschmack hielt die Riesenbirne keinen Vergleich mit seinen Honigbirnen oder mit der Guten Grauen aus.

»So kenn ick den Ollen jarnich«, sagte der Rudi, als wir uns vor Opa Gutbrods Knüppel über den Zaun hinweg in Sicherheit gebracht hatten, »der waa ja richtich jiftich.« Die Brüder Gutbrod hatten aus Berlin nicht nur die hurtige Sprache, sondern auch ein neues Spiel mitgebracht, das besonders der Rudi, drei Jahre älter als ich, mit Hingabe betrieb. Er versuchte es auch mir beizubringen, aber vorläufig ohne den geringsten Erfolg.

»Ick kann det nich vastehn«, sagte er kopfschüttelnd, »wenn ick an mei'm Zippel reibe, det jibt richtich herrliche Jefühle.«

Das Weihnachtsfest in der neuen Wohnung fiel ziemlich mager aus. Sogar in der Speisekammer herrschte nicht die überquellende Fülle früherer Jahre. Nur Pfefferkuchen und Pfeffernüsse gab es in reichlicher Menge. Nun, Mutter hatte für die neue Wohnung kostspielige Anschaffungen machen müssen, Vorhänge für die großen Fenster, einen neuen Teppich für den Salon, und für jedes Zimmer eine elektrische Lampe. Jetzt war es nicht mehr mein Bruder Ernst, sondern die neue Wohnung, von der Vater unter Seufzen und Stöhnen behauptete, sie fräße ihm die letzten Haare vom Kopf. Er trug zwar noch seinen braunen Mittelscheitel, aber die Kopfhaut schimmerte sehr hell durch die spärlich gewordenen Haare. Die letzte lautstarke Auseinandersetzung zwischen Vater und Ernst hatte es vor einem halben Jahr gegeben, als Ernst durch das Referendarexamen gefallen war – unschuldig, wie er behauptete, als Opfer eines üblen Kneipenscherzes. Um seine Examensnervosität zu dämpfen, hatte er einen Pharmaziestudenten aus seiner Verbindung um ein Beruhigungsmittel gebeten. Ob der ihn nun falsch verstanden oder nicht gewußt hatte, daß es tatsächlich nur ein Nervenberuhigungsmittel sein sollte, oder ob er im Studium der Pharmazie noch nicht weit genug vorangeschritten war und sich im Medikament vergriffen hatte – auf jeden Fall war mein Bruder Ernst nach der Einnahme von zwei oder drei Tabletten mitten in der großen schriftlichen Arbeit fest eingeschlafen und trotz aller Bemühungen seiner Kommilitonen und des Aufsicht führenden Professors nicht aus seinem Tiefschlaf erwacht. Er mußte, was Vater tief erbitterte, ein Semester drangeben, und bestand dann den Referendar allerdings mit Auszeichnung.

Zu Weihnachten und bis Neujahr brachte der Ost-

wind aus den weiten Ebenen des Zarenreiches eine grimmige Kälte mit. In Mutters neuem Wintergarten, einer großen Glasveranda, erfroren Alpenveilchen und Stechpalmen. An Schlittschuhlaufen war nicht zu denken, und als ich allen Warnungen zum Trotz mit dem Rudi und dem Helmut Gutbrod zum Schlittenfahren nach Luisenwahl ging, kamen wir alle drei mit angefrorenen Nasen und Füßen nach Hause. Oma Gutbrod, der drei Hühner auf der Stange erfroren waren, brachte einen Eimer voll Hühnermist zu uns herüber, ein todsicheres Mittel, um dem Aufbrechen der Frostbeulen vorzubeugen. Sie hatte ihren Enkeln mit dem Hühnermist sogar die Nasen eingeschmiert. Und es war wohl dem bewährten Hausmittel zu verdanken, daß auch ich ohne Schaden davonkam.
Für die Silvesterfeier waren wir zu Tante Minchen eingeladen. Es hatte sich so eingebürgert, daß wir ein Jahr bei ihr und das nächste Mal bei uns daheim feierten. Wir alle, vor allem aber Vater, folgten ihrer Einladung gern, denn sie war eine ausgezeichnete Köchin und besaß noch von Onkel Benjamins Lebzeiten her im Keller ein reichhaltiges Lager von Rot- und Weißweinen guter Jahrgänge. Die Kälte war so grimmig, daß Vater auf die Fahrt mit der Straßenbahn verzichtete und für uns eine Schlittendroschke bestellte – ein höchst ungewöhnlicher Anfall von Verschwendungssucht. Und er trug dem Kutscher auf, uns pünktlich um ein Uhr wieder im Königseck, wo Tante Minchen wohnte, abzuholen. Er hatte seinen schweren Fahrpelz angelegt, und Mutter schleppte einen Haufen von Wolldecken zum Schlitten hinunter, obwohl der Schlitten gegen die Kälte von unten herauf dick mit Stroh gepolstert war und auch zwei große Schaffelldecken mitführte. Aber schon wäh-

rend der Fahrt zum Königseck merkten wir, daß sich der scharfe Ostwind gelegt hatte und auf West zu drehen begann. Und während wir bei Tante Minchen tafelten und hinterher ›Gottes Segen bei der Familie Kohn‹ spielten, begann es kräftiger zu wehen, und als sie gegen elf Uhr die Feuerzangenbowle ansetzte, mit der wir auf Glück und Gesundheit im Jahre 1914 anstoßen wollten, begann draußen ein richtiger Frühjahrssturm zu toben. Die Eiszapfen prasselten von den Dachrinnen aufs Pflaster herunter, und in den Abzugsrohren gluckste das Schmelzwasser in die Kanäle. Unser Kutscher holte uns pünktlich um ein Uhr ab und brachte uns durch die stürmische Nacht, in der es viele Verletzte gab, glücklich nach Hause. In den meisten Fenstern war das Licht schon erloschen, um so mehr wunderten wir uns, daß es in unserem Hause noch recht munter herzugehen schien, was bei dem hohen Alter unserer Nachbarn einigermaßen erstaunlich war. Der alte Musikprofessor mit seinen Damen, Frau und Schwägerin, und auch Onkel Fritz und Tante Emilie standen sogar vor dem Haus auf der Straße und schienen unser Kommen ungeduldig zu erwarten.

»Da muß doch etwas passiert sein ...«, sagte Mutter ahnungsvoll. Was geschehen war, hörten wir, ehe wir aus dem Schlitten stiegen.

»Um Himmels willen!« rief uns der Professor entgegen, »kommen Sie schnell, bei Ihnen in der Wohnung ist ein Wasserrohr geplatzt! Bei uns kommt das Wasser in allen Zimmern durch die Decke!«

Vater und Ernst stürmten die Treppe empor. Im Treppenhaus rieselte ihnen ein munterer Bach entgegen, dessen Quelle tatsächlich hinter unserer Wohnungstür zu liegen schien. Sie hatten Mühe, die Tür gegen die andrängende Wasserflut zu öffnen, und als sie endlich offen stand, da kamen ihnen aus dem Salon die hübschen, nie benutzten Fußbänkchen der roten Plüschgarnitur entgegengeschwommen und schossen wie kleine Schiffe in den Strudeln eines Kataraktes die Treppe hinab. Es war fürchterlich. Der ganze, zur Straße gelegene Trakt der Wohnung, vor allem unser prächtiger Salon, das Eßzimmer und das Zimmer meiner Schwestern, stand knöchelhoch unter Wasser. Die eigentliche Quelle aber schien sich im Bad oder in der Küche zu befinden, denn von dort strömte das Wasser uns in einem dicken Schwall entgegen. Es gab keinen Zweifel, irgendwo hatte es bei dem plötzlichen Temperaturumschwung einen Rohrbruch gegeben. Aber wo? Während Ernst nach der Ursache des Schadens suchte, Mutter mit den Tränen kämpfte und die beiden Mädchen durch die Fluten wateten, um in ihrem Zimmer zu retten, was es noch zu retten gab, rannte Vater zum Feuermelder, schlug das Glas ein und hielt den Daumen solange auf dem Alarmknopf, bis er in der Ferne das Glockengeläut der heranbrausenden Feuerwehr hörte. Sie kam gleich mit zwei Löschzügen, vierspännig und mit je sechs Mann besetzt, die schon absprangen, bevor die schweren Fahrzeuge noch ausgerollt waren. Und da weder Flammen noch Rauch zu entdecken waren, fragte der Hauptmann ziemlich ungnädig, wo es nun – zum Teufel noch einmal – bei uns denn brenne. Inzwischen hatte sich auch Vater wieder vor dem Hause eingefunden und war gerade dabei, dem Hauptmann zu erklären, daß es sich bei uns nicht um eine Feuersnot, sondern um eine Wassernot handle, aber da stürzte Ernst aus dem Hause und schrie uns zu, das Wasser käme nicht aus unserer Wohnung, sondern es rinne aus Pankows –

des von mir so sehr bewunderten Kriminalkommissars – Wohnung durch die Decken zu uns herab.
Kriminalkommissar Pankow war mit seiner jungen Frau zu deren Eltern auf Weihnachtsurlaub gefahren, aber niemand wußte zu sagen, wohin. Der Feuerwehrhauptmann jedoch fragte Vater sehr unfreundlich, ob denn in diesem ganzen verdammten Haus kein Mensch auf den naheliegenden Einfall gekommen wäre, den Wasser-Haupthahn abzudrehen, und überhaupt sei für solche Rohrbrüche nicht die Feuerwehr, sondern das städtische Wasserwerk zuständig – und Vater könne sich auf eine Anzeige wegen unbefugten Gebrauchs des Feuermelders und auf eine gesalzene Rechnung gefaßt machen. Aber da sie nun schon einmal da waren, ging einer von den Feuerwehrmännern in diesem Haus, das nur von Schwachsinnigen bewohnt zu sein schien, in den Keller und legte die Leitung trocken. Und nachdem jemand einen Schutzmann herbeigerufen hatte, dem das Unheil, das seinen Vorgesetzten betroffen hatte, sehr zu Herzen ging, drangen sie sogar in die Wohnung des Kommissars ein, in der das Wasser halberstarrt kniehoch stand. Es war ein Wunder, daß unter der ungeheuren Last keine Decke eingestürzt war. Herr Pankow wurde vom Polizeipräsidium aus noch in der Neujahrsnacht telegrafisch verständigt, er kam gegen Mittag von Danzig angereist und versicherte allen Betroffenen, daß er für die entstandenen Schäden aufkommen werde.
Am nächsten Tag kehrte auch Anna von einem kurzen Weihnachtsurlaub bei ihren Eltern aus Kaukehmen zurück. Es dauerte wochenlang, bis die Möbel und Teppiche trocken waren, dann kamen die Maler ins Haus, um die Decken neu zu weißen, und zum Schluß

fand sich auch der Tapezierer ein, um neue Tapeten aufzuziehen. Und alles ging auf Herrn Pankows Rechnung. Für die irrtümlich herbeigerufene Feuerwehr bekam Vater zwar keine Strafanzeige, aber er hatte für das Abdrehen des Haupthahns im Keller achtzig Mark zu berappen, eine Summe, die Mutter für einen ganzen Monat als Wirtschaftsgeld zur Verfügung stand. Ja, das Jahr begann unheilvoll, wenn auch die nasse Neujahrsnacht noch einen versöhnlichen Ausgang genommen hatte, denn Onkel Fritz und Tante Emilie zeigten sich hilfsbereit und nahmen meine Schwestern, deren Betten unbenutzbar waren, für einige Nächte als Schlafgäste bei sich auf. Auch Vater überwand Groll und Abneigung und ließ sich von Onkel Fritz, als bei uns die Maler und Tapezierer am Werk waren, zu einem Glas Rotwein einladen.
Ich war von dem alten Großonkel recht angetan, mir imponierte sein Majorsrang, und mir imponierten die vergilbten Fotografien aus dem Chinafeldzug, auf denen er klein und drahtig vor seinen Männern stand, und ich war davon überzeugt, daß er an dem Tage, als es hieß: ›The Germans to the front!‹ an der Spitze seines Bataillons gegen die aufständischen Boxer gestürmt war und das meiste zur siegreichen Beendigung des Krieges beigetragen hatte. Und ich bewunderte natürlich auch die vielen Andenken an diesen glorreichen Feldzug, die er aus dem fernen China mitgebracht hatte. Aber er konnte auch – das schien in Großmutters Familie zu liegen – eine Menge interessanter Geschichten erzählen. Es waren wohl auch diese seine gesellschaftlichen Talente, die ihn zu einem gern gesehenen Jagdgast machten. Da hatte er zum Beispiel mit einem Freund vor einigen Jahren eine Wanderung durchs Riesengebirge gemacht. Zur

Nacht kehrten sie müde und hungrig in Schreiberhau in einem Hotel ein, das ihnen wegen seiner guten Küche und des ausgezeichneten Kellers empfohlen worden war. Anstelle der bescheidenen Zimmer, die sie nehmen wollten, waren sie in einem geradezu fürstlichen Appartement untergebracht worden, und als sie nach kurzer Erfrischung zum Essen im Speisesaal erschienen, war es der Inhaber des Hauses persönlich, der ihre schlichte Bestellung entgegennahm, sie nun aber nicht mit dem auf der Speisekarte ausgesuchten Rehragout, sondern mit ausgesuchten Delikatessen und den edelsten Kreszenzen bewirtete und Onkel Fritz dabei so verklärt ansah, daß er befürchtete, von dem Hotelier für einen inkognito reisenden Prinzen des kaiserlichen Hauses gehalten zu werden. Und als er darauf drang, daß der Mann ihm endlich erklären solle, was ihn zu seiner ungewöhnlichen Behandlung solch einfacher Gäste, wie sie es nun einmal seien, veranlasse, da sagte er mit seltsam bewegter Stimme: »Herr Major, erkennen Sie mich nicht?«

Nein, Onkel Fritz konnte sich bei bestem Willen und bei angestrengtestem Kramen in den Schubladen seines Gedächtnisses nicht daran erinnern, diesem Herrn je begegnet zu sein.

»Erkennen Sie mich wirklich nicht, Herr Major?«

»Nein, wirklich nicht, obwohl ich mir alle Mühe gebe.«

»Nun, so will ich es Ihnen sagen. Ich bin jener Piccolo aus dem Hotel Excelsior in Berlin, der vor zwanzig Jahren das Unglück hatte, Ihnen eine volle Sauciere über Ihren neuen Uniformrock zu gießen. Der Rayonchef wollte mich dafür ohrfeigen, aber Sie, Herr Major, damals ein junger Leutnant, traten dazwischen und schenkten mir, dem weinenden kleinen Piccolo, zur Tröstung ein goldenes Zehnmarkstück, das ich seitdem als Berloque an meiner Uhrkette trage!« Und damit schlug er seinen Gehrock auseinander und zeigte Onkel Fritz das heilige Erinnerungsstück. Daß die Herren nicht für einen Abend, sondern für eine Woche seine Gäste bleiben mußten, versteht sich von selbst.

Ein goldenes Zehnmarkstück, weil ein Piccolo ein paar Tränen vergossen hatte! Ich überlegte lange, was ich ihm über den Anzug gießen könnte, um auch zu solch einem fürstlichen Geschenk zu kommen, aber Onkel Fritz schien über seine großzügigen Leutnantszeiten hinausgewachsen zu sein, und so unterließ ich es lieber. – Vater hörte sich solche Geschichten von Onkel Fritz mit starrem Gesicht und verkniffenem Mund an, aber wenn wir dann wieder oben in unserer Wohnung waren, ging er eine halbe Stunde lang im Eßzimmer wie ein Löwe im Käfig hin und her, stieß die Luft in kurzen Stößen durch die Nase und knurrte: Der und ein goldenes Zehnmarkstück – ausgerechnet er! – nein, das mach ich nicht mehr mit! Ich bin ein friedfertiger Mensch, aber da geht mir mal der Gaul durch!

Mochten die andern im Beginn des neuen Jahres ein böses Vorzeichen sehen, ich konnte nichts Unheilvolles entdecken, im Gegenteil, ich fand den turbulenten Beginn sehr aufregend und freute mich darauf, am ersten Schultag nach dem Dreikönigsfest mit meiner Geschichte von der großen Wassernot bei den Klassenkameraden Eindruck zu machen, aber ich geriet ein wenig ins Hintertreffen, denn auch bei Berdings war die Feuerwehr vorgefahren, aber nicht wegen eines lumpigen Rohrbruchs, sondern weil der Weihnachtsbaum in Flammen aufgegangen war und Gardinen und Möbel lichterloh gebrannt hatten. Obwohl wir nun am anderen Ende der Stadt wohnten, ging ich weiter aufs Fridericianum zur Schule. Da ich zu Fuß länger als eine Stunde hätte laufen müssen, bekam ich eine Monatskarte für die Straßenbahn, die für den ganzen Tag und für alle Linien Geltung besaß. Meine Leidenschaft fürs Straßenbahnfahren hatte sich noch nicht verloren, ich teilte sie mit vielen Jungen aus verschiedenen Schulen, die gleich mir lange Wege zurückzulegen hatten und deshalb ebenfalls Monatskarten besaßen. Wenn wir die Hausaufgaben hinter uns gebracht hatten, fuhren wir auf allen Linien kreuz und quer durch die Stadt, bis nach Ponarth hinaus und von dort nach Maraunenhof und vom Königstor bis zu den Hammerteichen. Wir halfen den Schaffnern beim Umstecken der Zielschilder und beim Umlegen der gefederten Stange, die dem Motor den Strom zuführte. Es gab gutmütige Fahrer, die es uns erlaubten, die Warnsignale abzugeben oder auf den freien, unkontrollierten Strecken sogar ein bißchen an der Kurbel zu drehen, die das Tempo beschleunigte oder drosselte. Und als ich entdeckte, daß manche Schaffner gegen eine kleine Bestechung in Form von Zigarren oder Tabak nichts einzuwenden hatten, machte ich es wie die anderen Jungen und ließ aus Vaters Zigarrenkisten hin und wieder einige Zigarren verschwinden.

Natürlich in der Hoffnung, daß er es nicht merken werde. Es war eine törichte Hoffnung, genauso töricht wie die Hoffnung eines früheren Dienstmädchens, das aus Vaters Schnapsflaschen mitgesüffelt und sich eingebildet hatte, besonders schlau zu sein, wenn es die fehlende Menge durch Wasser ersetzte. Selbstverständlich entdeckte er den Schwindel sofort, und seinen guten Schnaps zu taufen, war in seinen Augen fast ein ebenso strafwürdiges Verbrechen wie Majestätsbeleidigung. Um Strafe und erzieherische Maßnahmen zu verbinden, träufelte er in eine Flasche, die er recht verführerisch auf die Anrichte stellte, einige Tropfen Krotonöl, dessen abführende Wirkung rasch und verheerend ist. Natürlich merkte Vater auch in meinem Falle bald, wer die diebische Elster war, die es auf seine Zigarren abgesehen hatte. Als ich nach dem Mittagessen aus der Wohnung verschwinden wollte, winkte er mich zu sich heran, filzte mich wie ein gelernter Zöllner und fand in meiner Bluse zwei Zigarren, die für einen meiner Schaffnerfreunde bestimmt waren. Vater aber zog aus dem Diebstahl ganz andere Schlußfolgerungen.

»Was sagst du dazu, Lina?« fragte er meine fassungslose Mutter, »der Lümmel raucht! Mit neun Jahren! Der ist ja noch schlimmer als Ernst! Der fing wenigstens erst mit vierzehn an, mir meine Zigarren zu klauen...«

Wenn ich ihm gestanden hätte, für wen seine Zigarren bestimmt waren, wäre ich nicht nur meine Monatskarte losgeworden. Wie ich Vater in seinem strengen Rechtsempfinden kannte, hätte er womöglich noch gegen meine Gönner bei der Straßenbahnoberverwaltung Anzeige wegen unverantwortlichen Leichtsinns, Transport- und Personengefährdung und eines halben Dutzends anderer Delikte erstattet. Er prüfte die beiden Zigarren, die er bei mir gefunden hatte, sorgfältig, ob ihre Deckblätter in meiner Bluse keinen Schaden genommen hatten und fand an ihnen nichts auszusetzen. Er schnitt die Spitzen mit seinem Federmesser ab, holte Zündhölzer aus der Tasche und sagte ganz freundlich und ruhig: »Du rauchst also, Jung-

chen ... Na schön, dann wollen wir beide uns einmal eine gute Zigarre ins Gesicht stecken.«
In meiner Erinnerung stieg ein Bild auf, wie er mir vor Jahren mit der gleichen freundlichen Stimme in der Waldschenke zu Sybba in aller Ruhe mehrere Portionen Bonbons auf den Hintern ausgeteilt hatte, und ich spürte, wie sich mein rückwärtiger Körperteil zu spannen begann. Es war ein Irrtum, er schien einer anderen Erinnerung nachzusinnen, der Erinnerung an ein Dienstmädchen, das er durch ein probates Mittel zu Ehrlichkeit und Nüchternheit bekehrt hatte. Er ließ ein Zündholz aufflammen, setzte seine Zigarre in Brand, schob mir die andere zwischen die Lippen und sagte: »Nun zieh schon, Jungchen – oder rauchst du Zigarren lieber in der Spitze? Die kannst du auch haben, wenn du willst.«
Ein mit getrockneten Buchen- oder Steinkleeblättern gestopftes Calumet hatten wir schon oft in der Runde von Indianern und Trappern zur Besiegelung der Blutsbrüderschaft beim Lagerfeuer kreisen lassen. Gelegentlich auch eine Zigarette. So stellte ich mich gar nicht ungeschickt an und hoffte, mit der Zigarre schon fertig zu werden. Aber wie das im Leben mit Hoffnungen so geht, sie schweben wie Seifenblasen ein Weilchen in buntem Farbenspiel dahin und zerplatzen bald, ach zu bald, kläglich. Der Aschenstreifen meiner blonden Zigarre war noch nicht so lang wie das letzte Glied meines kleinen Fingers, da spürte ich schon eine merkwürdige, ziehende Trockenheit im Munde.
»Nun, schmeckt das Zigärrchen?« fragte Vater freundlich, »oder möchtest du lieber eine Brasil? Sie sind ein wenig kräftiger und voller im Aroma ...«
Ich wollte keine Brasil, mir genügte die Zigarre, an

der ich verzweifelt sog, deren Rauch meine Augen tränen ließ, die meinen Schlund immer enger machte, und die zu Ende zu rauchen ich dennoch wild entschlossen war. Aber nein, ich brachte nicht einmal ein Viertel der Zigarre hinter mich. Plötzlich brach mir kalter Schweiß aus, das Hemd klebte am Körper, die Gesichtsfarbe bekam einen Stich ins Grüne, ich stürzte hinaus und hatte in der nächsten Stunde nur noch einen inbrünstigen Wunsch, wenigstens meine unsterbliche Seele im Leib zu behalten. Und leider blieb mir in Zukunft nichts anderes übrig, wenn ich schon an Vaters Zigarren nicht mehr heranzugehen wagte, als mir die Groschen, mit denen ich mir das Wohlwollen meiner Freunde am Führerstand der Straßenbahn erhalten mußte, aus Mutters Portemonnaie zu besorgen.

Eigentlich hätte Mutter wissen müssen, was sie sich und uns antat, als sie Vater zum Geburtstag einen Passometer schenkte. Dieser Schrittzähler hatte nichts mit den kleinen, eleganten Instrumenten gemein, die heute im Gebrauch sind. Es war ein Apparat vom Format einer mittleren Weckuhr, den Vater mit einem Haken in das oberste Knopfloch seiner Weste hängte. Dann band er eine mit dem Passometer verbundene Schnur nicht zu locker und nicht zu straff unterhalb des rechten Kniegelenks um seine Wade. Diese Schnur setzte bei jedem Schritt ein kompliziertes Räderwerk in Bewegung, das einen Zeiger um ein Zifferblatt kreisen ließ. Bei einer Schrittlänge von achtzig Zentimetern konnte Vater dann am Abend genau ausrechnen, wieviel Kilometer wir geschafft hatten. Mir kauften sie einen kleinen Rucksack aus grünem Schilfleinen, den Mutter mit belegten Broten, harten Eiern und kalten Klopsen füllte. Und dann fuhren wir mit der Bahn nach Cranz, aber nicht, um wie andere Leute in der See zu baden, am Strand zu faulenzen, Burgen zu bauen und sich von der Sonne braten zu lassen, sondern von Cranz ging's in Gewaltmärschen über die Nehrung nach Sarkau und Rossitten, oder am Strand entlang über Neukuhren nach Rauschen, Vater mit dem Passometer auf dem Bauch voran und wir hinterdrein, bis uns die Zungen aus dem Hals heraushingen. Oder er schleppte uns durch Felder und Wälder am Landgraben entlang nach Juditten, Herders Geburtsort, wo in dem hübschen Gartenlokal ein Schild verkündete: Der alte Brauch wird nicht gebrochen, hier können Familien Kaffee kochen! Aber wenn der Kaffee getrunken und der Streuselkuchen verzehrt war, ging's weiter über Metgethen und durch den Hochwald nach Vierbrüderkrug, wo zu der Zeit, da Heinrich von Querfurt Hochmeister war, vier Ordensbrüder von den bösen Pruzzen aus einem Hinterhalt überfallen und ums Leben gebracht worden waren. Der verfluchte Passometer ließ jeden Sonn- und Feiertag zum Alptraum werden, und als das Biest eines Tages nicht mehr funktionierte, da hatte Vater mich im Verdacht, das Räderwerk überdreht zu haben, aber ich möchte schwören, daß Mutter selbst es war, die Vaters Lieblingsspielzeug zerstört hat. Leider vermochte der Verlust des Passometers Vaters Bewegungsdrang nicht zu bremsen. Das hätte nur ein Beinbruch geschafft, den ich inbrünstig herbeisehnte, ohne daß meine Bitten je erhört wurden.

Schon vor der verunglückten und ominösen Neujahrsnacht des Jahres 1914 hatte sich ein Herr, der Else zu den Bällen der Cimbern ausführte, zuweilen bei uns eingefunden, um Mutters ausgezeichneten Sand- und Mohnkuchen zu probieren. Gelegentlich erschien er auch zu den Familienausflügen, allerdings nicht beim Abmarsch, sondern erst am verabredeten Ziel, an dem er auch nicht etwa zu Fuß, sondern mit der Straßenbahn oder Eisenbahn zu uns stieß, denn seine Neigung für Gewaltmärsche war unterentwickelt. Auf dem Heimweg bummelte er, was weder Vater – der sonst darauf achtete, daß wir in geschlossener Formation dahintrabten – noch Mutter zu bemerken schien, mit Else in weitem Abstand hinterdrein; und wenn ich zurücklaufen wollte, um die beiden Nachzügler zu einer beschleunigten Gangart zu ermuntern, dann scheuchte Mutter mich wieder an die Spitze des Zuges. Das war sehr ungewöhnlich, denn früher hatte besonders Vater meinen Schwestern den Umgang mit Personen männlichen Geschlechts strikt verboten und streng darauf geachtet, daß die Mädchen im Winter bei Anbruch der Dunkelheit und im Sommer pünktlich um sechs Uhr daheim waren, und er war sehr ungemütlich geworden, wenn sie sich nur um Minuten verspäteten. Bald erschien der fremde Herr auch an Sonntagen zum Mittagessen, brachte Blümchen mit und fand für Mutters Rindsrouladen und Schweinerücken Worte des Lobes und Dankes. Und nach Neujahr trug meine Schwester Else einen breiten goldenen Ring am Finger, der – einem mittelalterlichen Ring nachgebildet – umlaufend in erhabenen frühgotischen Lettern die Inschrift »myt willen dyn« trug. Vater schüttelte zwar den Kopf und brummte, ein normaler glatter Ring hätte es auch getan, aber Mutter meinte, Else hätte von jeher Sinn und Geschmack für etwas Besonderes gehabt. Die Hochzeit fand in den letzten Tagen des Juni statt, nicht nach jedermanns Art in der

Kirche, sondern Else setzte auch für dieses wichtige Ereignis in ihrem Leben durch, was sie für besonders stilvoll hielt, sie bestand auf einer Haustrauung. Der Küchentisch wurde zum Altar umfunktioniert, mit einem von Mutters großen Tischtüchern drapiert, mit roten Moosröschen geschmückt und von zwei Kübeloleandern flankiert. Ein Bundesbruder meines Schwagers vollzog die Trauung. Es war sehr feierlich, und Else hauchte ihr Jawort unter Tränen. Bis auf Tante Grete und den gelähmten Onkel Karl hatte sich die ganze Verwandtschaft eingefunden. Auch Onkel Aurel und Tante Elma, die Kallinowen im letzten Jahr verlassen hatten und nun eine Apotheke in einem Vorort von Königsberg besaßen. Onkel Aurel war der einzige, der sich bei der Hochzeit betrank, schlimme Verse zitierte, die Braut mit anzüglichen Redensarten fast in Tränen ausbrechen ließ und schließlich blutend und mit einigen Splittern im Gesicht heimgefahren werden mußte, denn er war bei einem Toast auf das Brautpaar vornüber gekippt und mit der Nase auf ein Weinglas gefallen.

Der neue Schwager hieß Richard und war Oberingenieur, ein gutaussehender und sehr gepflegter Mann, der seine Taschentücher mit einem Tropfen Juchten zu parfümieren pflegte. Daß ich ihn mit seinem Vornamen anredete, wie es unter Schwägern üblich ist, schien Else, die mich in respektvollem Abstand zu halten wünschte, nicht passend. Sie empfahl mir, ihn ›Onkel Richard‹ zu nennen. Onkel Richard also wollte meiner Schwester auf einer stilvollen Hochzeitsreise über das Adlon in Berlin und den Weißen Hirsch in Dresden die Sehenswürdigkeiten Venedigs zeigen, aber sie kamen nur bis nach München, denn gleich in den ersten Stunden des für drei Tage

geplanten Zwischenaufenthaltes im Hotel Continental fielen in Sarajewo die Schüsse, denen der österreichische Thronfolger Erzherzog Franz Ferdinand und seine Gemahlin zum Opfer fielen.
Zwei Jahre vorher hatte der Untergang der ›Titanic‹ die Welt und auch uns daheim in Schrecken versetzt. Mehr als tausendsechshundert Menschen waren mit einem Schiff, das ein Wunderwerk der Technik war und als unsinkbar galt, in den eisigen Fluten des Atlantik bei einem Zusammenstoß der ›Titanic‹ mit einem Eisberg umgekommen. Ich verstand nicht ganz, warum der Tod von zwei Menschen weit mehr Aufregung und Schrecken zu verbreiten schien als jene Katastrophe, die so vielen Menschen den Tod gebracht hatte. Vater lief mit umwölkter Stirn umher und ließ düstere Prophezeiungen hören, daß es nun bald zum Krieg kommen werde. Auch mein Bruder Ernst war der Meinung, daß ein Krieg fast unvermeidbar sei, aber merkwürdigerweise schien ihn der Gedanke, als Soldat dabei sein zu dürfen, nicht im mindesten zu begeistern. Neben der Familienbibel und dem Prachtband über das Haus Hohenzollern besaßen wir ein drittes reich illustriertes Werk im Großformat; es trug den Titel ›Gloria Viktoria‹ und behandelte die Geschichte des Krieges 1870–1871. Seine Lektüre war mir bei aller Lust am Lesen zu anstrengend, und außerdem kam ich mit den vielen französischen Namen nicht zurecht, Mars la Tour und Vionville, St. Quentin und Pontarlier, um so mehr aber hatten es mir die Illustrationen angetan, auf denen preußische Kürassiere mit ihren schweren Plempen Franzosenköpfe rollen ließen und bayerische Reiter mit äußerst dekorativen Raupenhelmen den Feind mit weiß-blau bewimpelten Lanzen vom Pferd

stachen. Ich wünschte mir nichts sehnlicher als einen Krieg herbei, genau wie meine Freunde Rudi und Helmut Gutbrod und alle meine Klassenkameraden, und wir bedauerten nur, daß wir noch zu jung waren, um zu den Fahnen eilen zu können. Aber vielleicht hatte der liebe Gott ein Einsehen, den Krieg, wenn er schon unvermeidlich war, wenigstens so lange dauern zu lassen, daß wir noch mitmachen durften.

Inzwischen waren die Sommerferien angebrochen, und ich war froh, aus der bedrückten und gespannten Atmosphäre herauszukommen, die daheim herrschte, denn ich durfte für die zweite Hälfte der Ferien zu den Großeltern fahren. Allerdings erst nach einem längeren Briefwechsel, denn die Großeltern schienen sich wegen der Nähe der russischen Grenze Sorgen um mich zu machen, aber Mutter meinte, die Alten wären überängstlich, denn unser Kaiser würde es nicht zulassen, daß auch nur ein einziger Russe seinen Fuß auf deutschen Boden setzen werde. Else war dabei, sich in unserer Nähe eine Wohnung einzurichten, und Mutter half ihr dabei, deshalb brachte Lotte mich zur Bahn und entließ mich mit den Ermahnungen, die ihr Mutter für mich aufgetragen hatte. Ich empfahl ihr, das Maul zu halten und sich dünnzumachen, denn erstens käme ich bald nach Quinta und zweitens wäre ich nicht das erste Mal zu den Großeltern unterwegs. Da haute sie mir noch schnell eine herunter und machte, daß sie wegkam, denn ich war so groß wie sie und ließ mir von ihr nichts mehr gefallen.

In dem großen Abteil vierter Klasse, in dem mir eine ältere Frau großzügig ihren Fensterplatz überließ, herrschte die gleiche gedrückte und gespannte Stimmung wie daheim. Ja, wenn es gegen die Franzosen gegangen wäre! Aber gegen die Russen ... Die kannte

man doch, das waren doch sozusagen Nachbarn. Und wenn sie auch im Krieg gegen Japan Prügel bezogen hatten, so war ihr Zar doch ein mächtiger Herrscher und konnte furchtbar viele Soldaten ins Feld schicken, und überhaupt, ein Krieg gegen die Russen, das war doch genauso, als wenn man gegen eine Dampfwalze mit nackichten Händen anrennen wollte. Das meinte jedenfalls die Frau, die mir ihren Fensterplatz abgetreten hatte, dies allerdings auch nicht aus Gutmütigkeit und Kinderliebe, sondern weil sie keinen Zug vertragen konnte. Während der ganzen Fahrt hielt sie eine kleine Holzkiste auf dem Schoß, etwa doppelt so groß wie die Kistchen aus Zedernholz, in denen Vater seine Zigarren in Großpackungen zu zweihundert Stück aus Bremen bekam. Manchmal raschelte es in der Kiste, und manchmal glaubte ich ein leises Pfeifen oder Piepsen zu hören. Ich wurde aus der Frau nicht recht klug, sie war zwar wie eine Bauersfrau gekleidet, hatte aber gepflegte Hände und sprach auch nicht wie eine Bäuerin. Die meisten Mitreisenden verließen den Zug schon in Preußisch Eylau und Bartenstein, und hinter Korschen hatten wir beide das Abteil ganz für uns.
Sie erkundigte sich nach meinem Woher und Wohin, und ich erzählte ihr, daß ich auf dem Wege zu den Großeltern sei. Sie sagte, daß sie schon in Stürlack aussteigen werde. Und da wagte ich die Frage, ob sie vielleicht Tauben oder Küken in der Kiste habe, die sie so vorsichtig und behutsam auf ihrem Schoß hielt. Aber sie schüttelte den Kopf, nein, es wären weder Küken noch Tauben ...
»Aber es piept doch manchmal in der Kiste ...«
»Gut, daß du der einzige bist, der es gehört hat«, sagte sie geheimnisvoll, »denn ich habe deswegen schon

manchmal mit Leuten, die das Piepsen erkannt haben, Unannehmlichkeiten gehabt.«

Unannehmlichkeiten – das war auch wieder so ein Wort, das gar nicht zu ihrer einfachen Kleidung paßte: »Was ist denn nun in der Kiste drin?« fragte ich neugierig und wollte es endlich wissen.

»Mein Ernährer«, antwortete sie nach kurzem Zögern mit einer Ernsthaftigkeit in der Stimme und im Ausdruck, die mich veranlassten, jedes Kichern zu unterdrücken. Sie stellte die Kiste für eine Minute neben sich auf die Bank, öffnete ihre große lederne Handtasche und zog aus einem Seitenfach ein winziges Halsband hervor, das mit lauter kleinen, goldenen Glöckchen besetzt war. Es gab keinen Hund und keine Katze auf der Welt, die so klein waren, daß sie dieses Halsband hätten tragen können. Sie steckte es in ihre Tasche zurück und nahm die Kiste wieder auf ihren Schoß.

»Mein kleiner Liebling heißt Roland«, sagte sie dann, und mir wurde ein wenig unheimlich zumute, weil ich mir nichts anderes denken konnte, als daß bei ihr im Oberstübchen eine Schraube locker sei. Aber dann klopfte sie mit dem Fingernagel ganz leicht auf den Kistendeckel und ließ aus gespitzten Lippen ein paar lockende Pfiffe in gleicher Tonhöhe hören. Die Pfiffe kamen aus der Kiste um eine Oktave höher, aber im gleichen Intervall zurück.

»Jetzt hast du meinen kleinen Liebling ganz deutlich gehört«, sagte sie zärtlich. »Ach, die meisten Leute fürchten sich vor ihm. Und manche ekeln sich sogar. Dabei sind es die saubersten und klügsten Tierchen, die es auf der Welt gibt...« Sie sah mich prüfend an: »Wie ist das bei dir? Fürchtest du dich etwa auch vor Ratten?«

»Nicht gerade daß ich mich fürchte«, antwortete ich mit einem kleinen Frösteln im Rücken; »aber es hat mich mal eine in den Finger gebissen, als ich ein Glas Eingemachtes aus dem Keller holte.«
»Ach, jedes Tier wehrt sich, wenn es erschreckt wird. Der Hund beißt zu, und die Katze schlägt dir die Krallen ins Gesicht. Das ist nun einmal so. Aber du kannst ganz beruhigt sein, mein Roland beißt nicht und kratzt nicht. Willst du ihn mal sehen?«
Eine Ratte, die Roland hieß und die sie ihren Ernährer genannt hatte, das war nun wirklich eine Sehenswürdigkeit, die ich mir nicht entgehen lassen wollte, auch wenn ich Ratten für alles andere als sympathisch hielt. Die Frau öffnete den Kistendeckel, und in der mit einem hübschen bunten Stoff austapezierten Kiste setzte sich eine große graue Ratte auf die Hinterbeine und putzte sich mit den Vorderpfoten die Nase und den Schnurrbart. Die Frau nahm ein Keksbröckchen zwischen die Lippen, strich der Ratte mit der Spitze des Mittelfingers sanft über die dunklen Rückenhaare und lockte sie mit leisen Schnalzlauten zu dem Leckerbissen empor. Der Roland kletterte auf ihre Schulter und holte sich das Keksbröckchen mit seinen kräftigen Nagezähnen aus ihren Lippen. Dabei sah er mich aus klugen, schwarzen Knopfaugen aufmerksam an. Er sah richtig nett und manierlich aus, sogar der kahle Schwanz wirkte gar nicht abstoßend.
»Du hast doch nichts dagegen, daß Roland ein wenig umherläuft und sich seine kleinen Füße vertritt?«
Ich hatte nichts dagegen einzuwenden, und sie sagte ihrem Roland, daß er sich ein wenig im Abteil umsehen dürfe; und Roland schien jedes Wort zu verstehen, machte auf ihrem langen Rock eine Rutsch-

fahrt und landete zwischen ihren Füßen auf dem Boden, um eine kleine Inspektionsreise durch das Abteil zu unternehmen. Ich zog unwillkürlich die Beine hoch, aber Roland zeigte nicht die geringste Absicht, an mir hochzuklettern, und so stellte ich die Füße wieder auf den Boden.

»Jetzt möchte ich aber doch wissen, weshalb Sie den Roland Ihren Ernährer genannt haben, und warum Sie das Halsband mit den kleinen Glöckchen bei sich tragen? Sie können ihn doch nicht wie einen Hund auf der Straße spazieren führen...«

»Ach, weißt du, Jungchen«, sagte sie, »eigentlich bin ich ja Klavierlehrerin, und ich übe meinen Beruf auch noch immer aus, aber manchmal geht mir das ewige Geklimpere von den Anfängern – und ich habe es leider nur mit Anfängern zu tun – doch furchtbar auf die Nerven. Und was mir die Klavierstunden einbringen, das langt nicht zum Leben und nicht zum Sterben. Aber was ich durch meinen Roland verdiene, das ist das eigentliche, denn das sind Gänse und Enten und Eier und Speckseiten und Butter und Käse und manchmal, wenn auch selten, Geld, zehn Mark und gelegentlich auch zwanzig... Ja, ich habe viele Kunden auf dem Lande, zwölf Bauern sind es allein in der Stürlacker Gegend, und dort erwartet mich sogar ein Gutsbesitzer, der Herr von Masslow auf Gross-Juchen...«

»Ja, und?« fragte ich höchst gespannt, denn ich konnte mir um alles in der Welt nicht denken, was sie und ihr Roland in Stürlack bei zwölf Bauern und bei dem Herrn von Masslow auf Gross-Juchen zu tun hatten.

»Das ist doch ganz einfach«, antwortete sie und lockte den Roland mit einem neuen Keksbrocken zu sich

heran, »wir vertreiben den Bauern aus ihren Häusern und Ställen und Scheunen die Ratten. Ich fahre mit meinem Roland in der ganzen Provinz herum, von Tilsit bis nach Ortelsburg und von Frauenburg bis nach Eydtkuhnen. Ich hänge meinem Roland das Band mit den Glöckchen um den Hals, und damit schlüpft er in ihre Löcher und läuft durch ihre unterirdischen Gänge und jagt sie mit seinem Geläut davon. Ratten sind sehr scheue Tiere und besitzen ein gutes Gedächtnis. Es dauert sehr lange, bis sie in ihre alten Schlupfwinkel zurückkehren.«
Der Zug näherte sich Stürlack, ihrem Ziel.
»Komm, Roland, mein Herzblättchen, komm schon, wir müssen bald an die Arbeit.« Sie stellte die kleine Kiste auf den Boden, und Roland kletterte folgsam in sein warm gepolstertes Gefängnis.
»Wie haben Sie ihn bloß so gut dressiert?« fragte ich wißbegierig, denn mir schienen sich Perspektiven auf einen neuen und allem Anschein nach sehr nahrhaften Beruf zu eröffnen.
»Ach«, sagte sie und erhob sich, denn der Zug bremste seine Fahrt ab, »mit Liebe und Geduld und Tilsiter Käse, den frißt mein Roland nämlich für sein Leben gern.«
Großvater, dem ich die aufregende Geschichte meiner Zugbekanntschaft eine halbe Stunde später brühwarm erzählte, brummte, das sei wohl das Hirnrissigste, was er in seinem Leben gehört habe. Und überhaupt müsse man dem Frauenzimmer das Handwerk legen. Das sei ja der reine Betrug. Denn was täte sie schon anderes, als die Ratten von einem Bauernhof zum anderen zu jagen. Aber so sei das nun einmal auf der Welt, jeden Morgen ständen ein Dutzend Dumme auf, und ein einziger gerissener Gauner habe nicht mehr zu tun, als

die Dummen zu finden. Mir erschien es sehr unwahrscheinlich, daß sich unter den zwölf Dummköpfen auch der Herr von Masslow befinden könne, aber Großvater sagte, den Herrn von Masslow auf Gross-Juchen kenne er gut, und mit der Erfindung des Schießpulvers habe der ganz bestimmt nichts zu tun gehabt.

»Na, da bist du ja, Jungchen!« sagte Großmutter, als sie mich in die Arme schloß, aber ich merkte wohl, daß ihre Stimme nicht ganz so froh klang wie bei früheren Begrüßungen. Sie war ein bißchen schwerhörig geworden, aber der Knall der Schüsse von Sarajewo schien auch an ihr nicht unbemerkt vorübergegangen zu sein.

»Was muß das bloß für ein Mensch sein, der sich hinstellt und zwei unschuldige Menschen abknallt ...«

»Gabriel Princip heißt er«, sagte Großvater, »und ist noch keine zwanzig Jahre alt!«

Das wollte ich Else schreiben, damit sie den Namen von dem Menschen kannte, der ihr die Hochzeitsreise nach Venedig verpatzt hatte ...

»So so, nach Venedig wollten sie also fahren ...« sagte Großvater respektvoll. Und dann mußte ich ihnen lang und breit von Elses Hochzeit berichten, und was für ein Mensch der neue Schwager sei, und als ich ihnen erzählte, daß Onkel Aurel eine Rede halten wollte und dabei vor lauter Rausch auf den Tisch gefallen war und sich an einem Weinglas die Nase zerschnitten hatte, da machte Großmutter wieder einmal tz tz tz und warf ihrem Heinrich einen langen Blick zu. – Aber nicht nur die Großeltern waren nicht so herzlich und heiter wie früher, ganz Lyck schien sich verändert zu haben. Die Frühschoppen bei Bienkowski fielen aus, denn das Lokal war geschlossen, weil Herr Bienkowski einen Schlaganfall erlitten hatte und rechtsseitig gelähmt war. Überall herrschte Unruhe und Nervosität, und als ich meine alten Freunde Hannchen und Fritz Grigat besuchte, da war Frau Grigat dabei, einen großen Reisekorb mit Betten und Kleidern zu füllen, und fragte mich, ob denn meine Eltern von allen guten Geistern verlassen seien, daß sie mich zu den Großeltern geschickt hätten. Auch die Herren Becker und Jacoby, bei denen Großmutter mir zwei Nachthemden kaufte, weil Mutter meine Nachthemden einzupacken vergessen hatte, machten bedenkliche Gesichter, denn seit Sarajewo hatte sich kein russischer Offizier mehr in ihrem Geschäft blicken lassen, und ein betrunkener Infanteriehauptmann, den Herr Becker bei einem kurzen Besuch in Grodnow getroffen hatte, hatte dunkle Andeutungen gemacht, er solle den Sekt nur kalt stellen und sich darauf verlassen, daß er bald getrunken würde. Es tröstete mich, daß sich wenigstens Herr Cabalzar von der allgemeinen Unruhe nicht anstekken ließ, die Liebesknochen und Napoleonschnitten aus seiner Backstube schmeckten genauso süß wie in früheren Tagen. Aber auf dem Heimweg erzählte Großvater seinem Krümelchen, nun würde auch der Cabalzar verrückt, denn er hätte einen Teil seines Kellers zugemauert und den größten Teil seiner Vorräte an Spirituosen versteckt. Und dazu hätte er gesagt, nüchterne Russen wären schon schlimm genug, besoffen aber wären sie direkt lebensgefährlich. Großmutter meinte dazu, daß Frauen in ihrem Alter wohl auch besoffene Russen nicht gefährlich werden würden, aber sie sagte es mit sehr nachdenklichem Gesicht, und einige Tage darauf mußte ich ihr helfen,

einen großen Überseekoffer, den Onkel Walter bei ihnen zurückgelassen hatte, vom Boden zu holen. Großvater brummte zwar, daß er sie für gescheiter gehalten hätte, aber sie verstaute weiter einiges Geschirr und Wäschestücke und Kleider in dem Koffer und sagte, sie täte es ja nur für den Fall eines Falles, viel mehr jedoch beunruhige es sie, daß ich noch immer in Lyck sei, und ob es nicht am gescheitesten wäre, einen Brief nach Königsberg zu schreiben, daß man mich dort vom Bahnhof abholen solle. Aber Großvater gebrauchte die gleichen Worte, die ich aus Mutters Mund schon zu Hause gehört hatte, ob sie damit etwa sagen wolle, daß der Kaiser es zulassen werde, daß auch nur ein einziger Russe über die Grenze kommen werde! Nein, nein das wollte sie damit natürlich nicht sagen! Und so dämpfte Großvater mit seinem Vertrauen auf den Kaiser in Berlin Großmutters Sorgen um meine Gegenwart.
Aber als dann Großvater eines Morgens – es muß wohl der Tag der Mobilmachung gewesen sein – mit mir in einer Eile, die ich ihm nie zugetraut hätte, zum Bahnhof lief, um mich auch ohne briefliche Ankündigung von meinem Kommen zu den Eltern zurückzuschicken, da war der Verkehr für alle Zivilpersonen gesperrt, und was noch an Zügen den Bahnhof verließ, war dem Abtransport der in Lyck stationierten Regimenter vorbehalten, die sich in der Festung Lötzen/Boyen oder dahinter formieren sollten, um den ersten Ansturm des Feindes aufzuhalten. Durch die Straßen rumpelten Gespanne, bis zum Zusammenbrechen aufgepackt, und eins von den Fuhrwerken, das von vier Pferden gezogen wurde, gehörte Leitners aus Kallinowen. Aber als Großvater Herrn Leitner fast flehentlich bat, mich mitzunehmen, da sagte Herr

Leitner, er habe mit seinen vier Bälgern genug zu tun und er könne die Verantwortung für mich nicht auch noch übernehmen. Er schien es so eilig zu haben, als wären die Kosaken schon dicht hinter ihm her. Die Flüchtlinge, die aus den grenznahen Dörfern kamen, erzählten, drüben wimmle es von Soldaten, und russische Patrouillen wären in Prostken eingedrungen und hätten einen Zollbeamten erschossen, der sich ihnen entgegenstellte.
Als ich am Nachmittag zu Grigats lief, um zu erfahren, was Hannchen und Fritz an Neuigkeiten zu melden hatten, da war die Wohnung leer. Grigats hatten die Stadt mit dem letzten Zug, der in der Nacht abgegangen war, verlassen. Überall standen die Wohnungstüren offen, kein Mensch war im Hause, nur unten in seiner Kneipe hielt der alte Bouvain die Stellung. Er war so betrunken, daß er mich nicht erkannte, er fuchtelte mit einem langen Schlachtermesser herum und schwor, jetzt würde er dem Schweinehund, der ihm die Nase abgehackt hatte, die Nase und noch einiges dazu abschneiden. Das Messer und die wild rollenden Augen in dem schrecklichen Gesicht jagten mir solche Furcht ein, daß ich mich schleunigst auf die Straße rettete. Als ich heimkam, waren Großvaters Nerven so strapaziert, daß er sie mit einem Grog besänftigen mußte, und auch Großmutter hatten sich die Aufregungen auf den Magen geschlagen, so daß sie eine kleine Stärkung brauchte. Wir gingen zum Cabalzar und setzten uns in den kleinen Vorgarten, den eine Reihe von Blumenkästen, aus denen Kletterpflanzen sich an Spalieren hochrankten, gegen die Straße abschirmten. Großvater rührte seinen Grog noch um und Großmutter nippte gerade an ihrem Pfefferminzlikör, als sich irgendwo in

der Bahnhofstraße ein lautes Geschrei erhob und Menschen in wilder Flucht an dem Rankenspalier vorbeistoben. Und aus der Ferne hörte man Warnrufe: »Rettet euch! Von der Straße weg! Menschen, rettet euch!«
Großmutter wurde totenblaß und stammelte: »Jetzt sind sie da, die Russen!« An allen Tischen sprangen die Leute empor und drängten sich in das Lokal hinein, nur Großvater nicht, er blieb wie gelähmt sitzen und klammerte sich an sein Grogglas. Ich schlüpfte aus dem Vorgärtchen hinaus und spähte um die Ecke. Die Straße war wie leergefegt, rechts und links drückten sich die Menschen in die Portale und Toreinfahrten hinein. Und jetzt hörte ich es ganz deutlich und nah: »Menschen rettet euch, der Bull' ist los! Von der Straße weg! Der Bull' ist los! Rettet euch!« – Und was für ein Bulle das war! Mitten auf der Straße stürmte er mit gesenkten Hörnern mächtig wie eine Lokomotive heran. Fünfzehn Zentner geballte Kraft und Wut. Hinter ihm drein galoppierte ein Reiter, und hinter dem Reiter, weit hinter ihm, schrien sich ein Dutzend Männer die Kehlen heiser, denen der Bulle – ein prämiierter Zuchtstier, den man den Russen keinesfalls in die Hände fallen lassen wollte – beim Verladen ausgebrochen war. Seinen Wärter, der ihn am Nasenring in den Transportwagen zerren wollte, hatte er gegen die Wand gedrückt und ihm dabei einige Rippen gebrochen, und einen anderen Mann, der sich ihm entgegenstellte, auf die Hörner genommen und durch die Luft geschleudert. Selbstverständlich schloß ich mich, als Stier und Reiter an der Cabalzarschen Konditorei vorbeigedonnert waren, der wilden Jagd an. Sie dauerte nicht lange, denn in den Anlagen raste der Bulle gegen einen

Baum und entwurzelte ihn halb, aber der Anprall war selbst für einen Stierschädel so stark, daß der Bulle halbbetäubt in die Knie ging und gefesselt werden konnte. Inzwischen aber hatte sich das Gerücht verbreitet, er habe einen Jungen aufgespießt, und die Großeltern standen, fest davon überzeugt, daß dieser aufgespießte Junge niemand anders als ich sein könne, Höllenängste aus. Und anstatt sich zu freuen, daß ich heil und gesund zu ihnen zurückkehrte, haute mir Großvater rechts und links zwei gewaltige Ohrfeigen herunter, und Großmutter sah genauso aus, als ob sie die größte Lust hätte, mir auch noch zwei von der gleichen Sorte zu verpassen. Aber sie beherrschte sich und sagte mit zitternder Stimme nur, daß sie mit mir dieses Mal nichts als Ängste auszustehen habe. Hinterher spendierte mir Großvater zwei Negerküsse, für jede Backpfeife einen.

Als die Russen dann kamen, geschah das fast ohne Lärm und ohne viel Geschrei. Am Vorabend hörte man Schüsse und manchmal auch aus weiter Ferne das Grollen von Geschützen. In der Nacht rötete sich der Himmel von Bränden, einige Bauernhöfe und Scheunen mit den Erntevorräten gingen in Flammen auf, und in den Morgenstunden, noch vor Tagesanbruch, rumpelten Geschütze und schwere Munitionstransporte durch die Straßen, und über das Pflaster dröhnten Pferdehufe und der Marschtritt von endlosen Infanteriekolonnen. Großvater, der einzige Mann im Hause, der Erfahrungen aus dem siebziger Krieg besaß, hatte alle Bewohner in den Keller beordert. Es waren etwa ein Dutzend Menschen, alles ältere Männer und Frauen, die im Schein einer Kerze auf Kisten und Kasten hockend, zitternd und um ihre Schicksal bangend auf den Morgen warteten. Großvaters Schatten stand groß und schwer vor der Kellertür, ein grimmiger Posten, dem man ansah, daß der Weg zu seinem Krümelchen nur über seine Leiche führen würde. Allmählich erstarben draußen die Marschgeräusche, auch das Geklapper von Hufen wurde seltener, und dann, inzwischen war es längst Tag geworden, hörten wir, kurz nachdem es vom Kirchturm sechs Uhr geschlagen hatte, in kurzen Zeitabständen immer das gleiche Trompetensignal. Großvater spitzte die Ohren ...

»Das kann doch nicht wahr sein«, murmelte er, »da bläst doch ein Kerl wahrhaftig unser deutsches Achtung-Signal! Da soll sich ein Mensch auskennen, was das zu bedeuten hat.«

»Soll ich mal nachsehen?« fragte ich tatendurstig.

»Untersteh dich, Bürschchen!« sagte er drohend. Und zu Großmutter gewandt: »Halt bloß den Lorbaß fest! Ich werde selber nachsehen, was draußen los ist.«

Er schlich zur Haustür und spähte durch einen schmalen Spalt auf die Straße hinaus. Jetzt hörten wir das Trompetensignal lauter, als würde es ganz in der Nähe unseres Hauses geblasen, und wir sahen, daß Großvater die Tür weiter öffnete und die Hand muschelförmig hinter das Ohr legte, um sich nichts von dem entgehen zu lassen, was draußen auf der Straße ein Russe, der den Trompeter begleitete, mit lauter Stimme von einem Zettel ablas. Nach einer kleinen Weile drückte Großvater die Haustür ins Schloß und bedeutete uns, zu ihm heraufzukommen. Die Nachbarn stiegen steifbeinig und mit übernächtigen, grauen Gesichtern die Kellerstiege empor und scharten sich in dem engen Hausflur um Großvater.

»Nun red schon, Heinrich! Was ist los?« fragte Großmutter angstvoll.

Er schnupfte und fuhr sich über die Augen: »Die russische Narewarmee unter dem General Samsanow hat die Stadt ohne Kampf eingenommen und befindet sich auf dem Vormarsch nach Westen. Niemand braucht sich um sein Leben und um sein Eigentum Sorgen zu machen. Bis zur Durchgabe neuer Befehle hat jedermann im Hause zu bleiben. Die Haustüren und Wohnungstüren dürfen nicht verschlossen werden ...« Er schnupfte noch einmal auf und sagte mit seltsam heiserer und gebrochener Stimme: »Das ist alles, Leute, das ist alles ...«

Die Frauen schluchzten und die Männer ließen die Köpfe hängen. Niemand konnte verstehen, daß die Stadt dem Feind in die Hände gefallen war, ohne daß es auch nur den geringsten Widerstand gegeben hatte. Auch Großmutter regte sich furchtbar auf und sagte, das hätte sie nun doch nie im Leben geglaubt, daß der Kaiser die Stadt den Russen so ganz ohne Schuß und Schwertstreich überlassen würde, aber Großvater meinte, das wäre eben höhere Strategie, und davon verstehe sie nichts und tue gut daran, den Schnabel zu halten. Das schien Großmutter gar nicht gern zu hören, sie mahlte die zahnlosen Kiefer ein Weilchen gegeneinander, aber dann preßte sie die Lippen so fest zusammen, daß ihr Kinn fast die Nasenspitze berührte. Und sie machte den Mund bis zum Abend nicht mehr auf, und da auch nur zum Essen.

Das Ausgangsverbot wurde schon in den frühen Vormittagsstunden des nächsten Tages aufgehoben. Der Stadtkommandant im Range eines Obersten ließ seine Anordnungen durch Maueranschläge in russischer und deutscher Sprache bekannt machen. Die Bürger durften sich innerhalb des Stadtgebietes am Tage frei bewegen, nur von sechs Uhr abends bis sechs Uhr morgens hatte sich jeder im Hause aufzuhalten. Über-

griffe russischer Soldaten und etwaige Plünderungen waren dem Stadtkommandanten sofort zu melden und wurden, ob von Zivilisten oder Militärpersonen begangen, nach Kriegsrecht bestraft.
Die Abteilung der Narew-Armee unter dem General Samsanow, die Lyck besetzt hatte und, wie bekanntgegeben wurde, nun schon vor Allenstein stand, während die Njemen-Armee unter dem General Rennenkampf Insterburg eingenommen hatte und gegen Königsberg marschierte, schien aus lauter Elitetruppen zu bestehen, denn es gab in der Stadt weder Plünderungen noch Vergewaltigungen. Ich konnte mir darunter nichts Rechtes vorstellen, aber Vergewaltigungen schienen etwas zu sein, was den Männern fast noch unangenehmer war als den Frauen. Nein, die Russen plünderten und vergewaltigten nicht. Die einzigen, die die Nachtstunden vor dem Einmarsch der Russen zu Raubzügen in den verlassenen Wohnungen benutzt hatten, waren Leute vom Töpferende, dem Armenviertel der Stadt. Wer später ein Möbelstück vermißte, fand es zumeist in den kleinen, geduckten Katen am Seeufer wieder. Auch an Lebensmitteln herrschte vorerst kein Mangel. Großmutter schleppte ganze Schweineschinken heim, denn die Russen trieben von den verlassenen Bauernhöfen und Gütern Herden von Rindern und Schweinen in die Stadt, um sie für den eigenen Bedarf abzustechen oder von den beiden Fleischern, die in der Stadt geblieben waren, zur Versorgung der Zivilbevölkerung notschlachten zu lassen. Das einzige, was Großvater erbitterte, war, daß er seinen Nachmittagsgrog nicht mehr beim Cabalzar schlürfen durfte, denn nicht nur bei ihm, sondern in allen Gaststätten und Kneipen der Stadt feierten russische Offiziere den siegreichen Vor-

marsch ihrer Armeen und ließen den Zaren unentwegt hochleben.
Wenn Großvaters Rumvorrat zur Neige ging, dann füllte Großmutter ihren großen Henkelkorb mit Äpfeln und schickte mich mit einem schönen Gruß und der Bestellung, ich brächte die Äpfel für den Apfelkuchen, zum Cabalzar in die Backstube. Dort verstaute Herr Cabalzar eine neue Flasche Jamaica-Rum unter den Äpfeln und schickte mich mit einem schönen Gruß an den Großvater und mit der Bestellung, daß er heute keine Äpfel brauchen könne, zu den Großeltern zurück. Es fiel keinem Russen ein, mich zu kontrollieren, im Gegenteil, manchmal spendierten mir die Offiziere ein Stück Torte, und einer, ein großer bärtiger Mensch mit einer orgelnden Baßstimme zeigte mir ein Bild von einem Jungen, der genauso eine gestreifte Kieler Bluse mit einem schwarzen Marineknoten trug wie ich, drückte mich an seine Brust und sagte, während ihm dicke Tränen über die Wangen liefen, wenn es so siegreich weitergehe, dann würden sie zu Weihnachten in Berlin einziehen und er werde seinen Sohn vielleicht noch vor dem Osterfest wiedersehen. Wenn ich das dem Großvater erzählte, konnte er sich richtig giften: »In Berlin einziehen«, knurrte er böse, »daß ich nicht lache! Denen wird der Hund was scheißen!«
In der Stadt wimmelte es von Soldaten. Die Muschkoten trugen nur einfache bräunliche Feldblusen, während viele Offiziere noch in ihren prächtigen Friedensuniformen einherstolzierten. Sie benahmen sich allesamt freundlich und konnten es sich in der Hochstimmung des Sieges wohl auch leisten, großmütig und freundlich zu sein. Um so bedrückter war die Stimmung bei den Großeltern und bei den Nachbarn

und bei den Leuten, die wir bei Großvaters kurzen Spaziergängen auf der Straße trafen. Es wurde viel über einen General von Prittwitz-Gaffron gesprochen, dem das ganze Unglück zu verdanken sei, denn er hatte alle Stellungen geräumt und sich vor den Russen hinter die Weichsel zurückgezogen. Großvater verlor seinen Appetit und behauptete, auch der Grog schmecke ihm überhaupt nicht mehr, denn so was hätte es im ganzen siebziger Krieg nicht gegeben, daß ein deutscher General einen Rückzug befohlen hätte. So einer gehöre an die Wand gestellt und erschossen. Und obwohl ihm der Grog nicht mehr schmeckte, trank er dann doch noch einige Gläser, weil er sonst vor Gram und Scham über solch einen deutschen Offizier die ganze Nacht hindurch kein Auge zugemacht hätte. Sagte er.

An einem Nachmittag nahm Großvater mich zu einem Besuch bei Herrn Bienkowski mit, der infolge der Aufregungen kurz nach dem Einmarsch der Russen einen zweiten Schlaganfall erlitten hatte und nun im Krankenhaus lag. Aber die alte Oberschwester Christine, die mit zwei älteren Schwestern zur Versorgung der bettlägerigen Patienten im Krankenhaus zurückgeblieben war, sagte Großvater, daß Herr Bienkowski seit zwei Tagen ohne Bewußtsein sei und daß es mit ihm wohl bald zu Ende gehen werde. Großvater meinte, in diesen Zeiten sei es sicherlich das Gescheiteste, sich davon zu machen, denn von der Zukunft hätten wir alle nichts Gutes zu erwarten, aber damit kam er bei Schwester Christine schlecht an. So etwas dürfe er nicht einmal denken, geschweige denn aussprechen, denn der alte Gott lebe noch und werde seine Preußen gewiß nie im Stich lassen.

Es war ein glühend heißer Augusttag, und wir wären

auf dem Heimweg gern durch die schattigen Anlagen vor dem Landgericht gegangen, wenn man dort hätte gehen können. Aber entweder waren es zu viele Russen, die sich in den von ihnen besetzten Kasernen auf die Latrinen drängten, oder sie kannten diese segensreichen sanitären Einrichtungen nicht, oder sie waren Freiluftmenschen, die zur Erledigung ihrer natürlichen Bedürfnisse eine natürliche Umgebung bevorzugten. Mit einem Wort, die schönen gepflegten Rasenflächen, Blumenrabatten und Kieswege der Anlagen waren, wo man auch gehen oder stehen wollte, knöchelhoch vollgeschissen. So hielten wir beide uns, flach atmend, nach Prüfung der Windrichtung am äußersten Straßenrand, als ein russischer Soldat, noch mit dem Zuknöpfen seiner Hose beschäftigt, hinter einem Gebüsch vortrat, quer über die Straße auf uns zukam und Großvater fragte, wie spät es sei. Jedenfalls verstand Großvater die Frage so, denn der Russe sagte nur: »Urri Urri?« Großvater zog seine große goldene Sprungdeckeluhr aus der Westentasche, ließ den Deckel aufspringen und wollte gerade »Halb vier« sagen, als der Kerl blitzschnell zugriff und die Uhr mitsamt der goldenen Kette so heftig an sich riß, daß ein Fetzen von Großvaters grauer Sommerweste mitging. Großvater brachte vor Verblüffung über diese Frechheit oder vor Schrecken kein Wort heraus, der Uhrendieb machte lange Beine, und ich rannte schreiend hinter ihm her. Quer durch die menschenleeren stinkenden Anlagen und ein Stück der Feldstraße hinauf, an deren Ende die alte Ulanenkaserne lag. Es waren eine Menge Soldaten unterwegs, die mein Geschrei nicht verstanden oder nicht verstehen wollten und dem Uhrenräuber, aber auch mir, den Weg frei gaben. Er war mit seinen schweren, hohen

Reiterstiefeln kein guter Läufer, und ich blieb ihm dicht auf den Fersen, aber er wäre mir hinter dem Kasernentor sicher entkommen, wenn nicht Rettung genaht wäre. Ein Offizier in dunkelgrüner Uniform mit breiten, goldbetreßten Schulterstücken trabte, von seinem Burschen gefolgt, auf einem Apfelschimmel gerade aus dem Tor heraus, sah den Dieb und mich und brüllte dem Kerl, dem Großvaters Uhrkette aus der Hand herausbaumelte, ein scharfes »Stoj!« entgegen, das den Mann so plötzlich zum Halten brachte, daß ich Mühe hatte, nicht auf ihn aufzurennen. Der Offizier sprang von seinem Pferd herab und gab seinem Burschen die Zügel.

»Was gibt es, Junge?« fragte er in gutem Deutsch.

»Der Soldat hat meinem Großvater die Uhr gestohlen!« antwortete ich keuchend und sah mich nach Großvater um, der weit hinten gerade um die Ecke bog. Der Offizier, ein Stabsmajor, winkte den Uhrendieb mit einer Fingerbewegung zu sich heran. Der Muschik baute sich vor ihm in strammer Haltung auf und antwortete auf eine Frage des Majors mit einer Lautstärke, daß man meinen konnte, er halte den Major für taub, aber das war, wie Großvater mir nachher erzählte, der russische Drill, daß ein gemeiner Soldat die Fragen eines Vorgesetzten mit aller Stimmkraft zu beantworten hatte. Der Major nahm ihm die gestohlene Uhr ab und befahl zwei herumstehenden Soldaten, den Uhrendieb in die Mitte zu nehmen und mit ihm zur Kaserne abzumarschieren. Inzwischen war auch Großvater herangekommen. Der Schweiß lief ihm in hellen Bächen über das Gesicht, sein Kragen war völlig aufgeweicht, er atmete schwer und preßte die Hand gegen sein Herz.

»Nun beruhigen Sie sich schon, alter Herr«, sagte der Major und gab ihm seine Uhr zurück, »und entschuldigen Sie, daß diese Schweinerei passiert ist. Es gibt eben bei jeder Truppe ein paar Halunken.«
»Ich weiß, Herr Major«, sagte Großvater, »ich war selber Soldat. So etwas kommt vor . . .«
»Leider!« sagte der Major mit verkniffenem Gesicht, denn Großvaters Worte hatten gerade so geklungen, als ob er nur aus Höflichkeit zugegeben hätte, daß so etwas auch bei den Preußen möglich gewesen sei. »Aber Sie sollen sehen, alter Herr, und Ihr Enkel soll es auch wissen, daß in der kaiserlich russischen Armee Zucht und Ordnung herrschen. Folgen Sie mir nach!« Er gab seinem Burschen einen kurzen Befehl, die Pferde in den Kasernenhof zurückzuführen, drehte sich um und ging sporenklirrend voraus.
»Lassen Sie den Kerl laufen, Herr Major«, sagte Großvater, der Schlimmes zu ahnen schien.
»Wäre der Lump bei den Preußen ungeschoren davongekommen?« fragte der Major streng.
Darauf gab Großvater keine Antwort.
»Na also!« sagte der Major, »bringen wir die Sache rasch hinter uns!«
Der Dieb stand zwischen den beiden Soldaten, die ihn abgeführt hatten, in der Wachstube der Kaserne. Die Wache, ein Unteroffizier und zehn oder zwölf Mann, die das Kommen des Majors schon erwarteten, standen ausgerichtet vor dem Schilderhaus Gewehr bei Fuß und präsentierten stramm, als der Major mit uns beiden durchs Tor schritt. Er gab dem Wachhabenden einen kurzen Befehl, den dieser laut an den rechten Flügelmann weitergab, und dieser wiederum trabte sofort im Laufschritt davon.
»Um Himmels willen«, flüsterte Großvater mir zu,

»sie werden den armen Hund doch nicht gleich füsilieren!«
»Was ist das, Opa?«
Aber Großvater wischte sich mit seinem Taschentuch, das zum Auswringen naß war, neue Schweißbäche von der Stirn und vom Hals und gab mir keine Antwort. Es dauerte nicht lange, dann hallten Trompetensignale über den Kasernenhof, Soldaten quollen aus den Unterkünften und formierten sich, vier Kompanien stark, zu einem großen Karree. Es erschienen auch einige Offiziere. Zu einem von ihnen, der wohl der ranghöchste, aber nicht der Regimentskommandeur selber war, trat unser Stabsmajor hin, salutierte und erstattete über den Vorfall eine kurze Meldung. Danach kehrte er zu uns zurück und richtete Großvater aus, während der hohe Offizier mit seinen Herrn in die Mitte des Karrees trat und von dort mit lauter Stimme eine kurze Ansprache an die versammelten Mannschaften richtete, daß der Herr Oberstleutnant sein Bedauern ausdrücken lasse und Großvater ersuche, bei der Bestrafung des Übeltäters als Zeuge zugegen zu sein. Großvater schluckte trocken und murmelte, daß er dem Kerl seine Uhr gern überlassen hätte, wenn er geahnt hätte, was das für Folgen haben würde. Aber der Major antwortete scharf, als alter Soldat müsse Großvater doch wissen, daß Disziplin das oberste Gebot in jeder Armee sei und daß man sie mit Gewalt herstellen müsse, wenn sie anders nicht zu erreichen sei. Darauf wußte Großvater keine Antwort zu geben.
Indessen war ein Tisch in der Mitte des Karrees aufgestellt worden, und von der Wache her kamen, von einem baumlangen, bärenstarken Unteroffizier, dem Regimentsprofos angeführt, sechs Mann anmar-

schiert, in deren Mitte unser Uhrendieb im gleichen Marschtritt mitmarschierte. Er machte gar keinen bedrückten oder ängstlichen Eindruck und grinste, als der kleine Zug an uns vorüberkam, Großvater recht breitmäulig an. Vor dem Tisch machte der Profos mit seiner Gruppe halt, erstattete dem Oberstleutnant lautstark Meldung und nahm dessen Kommando in strammer Haltung entgegen. Eine knappe Sekunde später rissen zwei seiner Leute dem Dieb die braune Uniformbluse von den Schultern, so daß man seinen nackten, schweißigen Rücken in der Sonne glänzen sah. Die vier anderen wollten zupacken und ihn auf den Tisch zerren, aber er wehrte sie ab und legte sich mit ausgebreiteten Armen freiwillig darauf.

»Sieh nicht hin, Jungchen!« sagte Großvater und blickte selber starr zu Boden, »das ist kein Anblick für dich!«

Und dann ließ der Profos die Knute fünfundzwanzig Mal auf den Rücken des Delinquenten sausen. Man hörte das Klatschen der schweren, ledergeflochtenen Peitsche, aber der Mann auf dem Tisch, auf dessen Rücken sie niederpfiff, gab keinen Laut des Schmerzes von sich. Wie ein Indianer am Marterpfahl. Er hat mir mächtig imponiert, und wenn es mich auch ein bißchen im Hals würgte, so nötigte er mir noch mehr Respekt ab, als ich sah, wie er sich von dem Tisch herunterschob, zu stehen kam, nach seiner Bluse griff und mit seinem blutig verstriemten Rücken über den Kasernenhof stramm zu seinem Quartier abmarschierte.

Großvater war ganz grau im Gesicht, als der Major uns zum Kasernentor brachte und dort entließ. Er fühlte sich noch Tage hinterher ganz elend und sagte zu Großmutter, solch eine Exekution mit der Knute sei fast noch schlimmer als eine Hinrichtung. Das gehe Ruckzuck und dann sei alles vorbei. Aber fünfundzwanzig Knutenhiebe, das gehe einfach gegen alle Menschenwürde. Er stellte seine Nachmittagsspaziergänge ein, und er ging nicht einmal zur Beerdigung seines alten Freundes Bienkowski, der bald nach unserem Besuch im Krankenhaus gestorben war. Er sagte, für Beerdigungen habe er einfach nicht mehr die Nerven. Und damit man ihm nicht nachsagen konnte, er wäre am Tage der Beisetzung doch gesund und munter gewesen, blieb er die ganze Woche über im Bett und legte Patiencen.

Nicht lange danach liefen neue Gerüchte durch die Stadt. Kein Mensch wußte zu sagen, woher sie kamen, denn es gab keine Verbindung zur Außenwelt. Es hieß, der General von Prittwitz und Gaffron habe sein Kommando abtreten müssen und einem General namens Hindenburg übergeben. Niemand kannte dessen Namen, aber man erzählte sich, daß Hindenburg eine große Armee diesseits der Weichsel zusammengezogen habe und im Anmarsch auf die russischen Frontstellungen sei. Mochten die Gerüchte wahr oder falsch sein, sie bewirkten, daß Großvater von der Fleischbrühe, die Großmutter ihm als Krankenkost ans Bett brachte, wieder zu fester Nahrung zurückkehrte und bedeutend munterer aus den Augen blickte. Er wagte sich sogar wieder auf die Straße, aber er kam gar nicht ermutigt, sondern eher beunruhigt zurück und meinte, daß an den Gerüchten etwas Wahres dran sein müsse, merke man vor allem an der Haltung der Russen; sie seien recht nervös und lange nicht mehr so freundlich wie früher, und die Regimenter, die in der Stadt gelegen hätten, seien abgezogen und durch Kerle ersetzt worden, denen er bei Nacht nicht gern begegnen möchte. Mir trug er auf, die Hausbewohner zu verständigen, sich bei ihm zu einer kleinen Besprechung einzufinden, und als sie sich alle im Wohnzimmer versammelt hatten, da erzählte er ihnen von seinen Beobachtungen und sagte, daß er das Gerede vom Anmarsch deutscher Truppen jetzt nicht mehr für ein bloßes Latrinengerücht halte. Aber es solle ja niemand glauben, daß es bei der Befreiung der Stadt, wenn es dazu kommen sollte, so leise und heimlich zugehen werde wie es bei ihrer Besetzung durch die Russen geschehen war. Das werde ohne Kampf und Artilleriebeschuß kaum abgehen und könne stunden- und womöglich tagelang dauern. Und er empfahl den Frauen, Vorräte an Lebensmitteln bereitzustellen und die Kellerräume ein bißchen wohnlich zu machen, damit man es im Notfall eine Zeitlang aushalten könne. Er sagte das in aller Ruhe und Gelassenheit, so daß niemand in Panik geriet. Nicht nur die Frauen im Haus, auch die Männer schleppten Bettzeug und alle möglichen Sitzgelegenheiten in den Keller hinab. Die Beschaffung von Eßvorräten bereitete Großmutter eine Menge Sorgen, denn vorzukochen hatte wenig Zweck, da Gesottenes oder Gebratenes in der Hitze der Hundstage schnell verdarb. Ich machte mich im Haus nützlich und half den alten Leuten, wo ich konnte, aber es waren doch furchtbar langweilige Tage, denn die Großeltern ließen mich nicht für einen Augenblick auf die Straße hinaus. So blieb mir nichts anderes übrig, als das Eintreffen unserer Soldaten inbrünstig herbeizuwünschen, auch wenn es dabei zu solch blutigen Kämpfen kommen sollte wie an der Friedhofsmauer von Vionville im siebziger Krieg, wo der Zeichner der Szene mit richtig vaterländischer Begeisterung dargestellt

hatte, wie unsere tapferen Soldaten die Franzosen mit ihren Bajonetten durchbohrten.
Wenige Tage später traf genau das ein, was Großvater vorausgesagt hatte. Bei Tannenberg war es zu einer großen Schlacht gekommen, Tausende von Russen waren gefallen und mehr als hunderttausend in Gefangenschaft geraten, aber hier merkte man wenig davon, im Gegenteil, sie wälzten sich in endlosen Kolonnen durch die Stadt, und von Zucht und Ordnung war überhaupt nichts mehr drin. Sie drangen in die Häuser ein und stahlen, was sie erwischen konnten, und hatten einen besonderen Spaß daran, Polstermöbel und Betten aufzuschlitzen. Wir hörten sie auch in unserem Haus über uns rumoren, hörten das Rükken von Möbeln und das Klirren von Glas und Porzellan, und zwei Kerle drangen in den Keller ein. Der eine von ihnen, ein Kosak mit roten Biesen an den Pluderhosen, fuchtelte mit einem großen Revolver herum und wollte Schnaps haben, und als Großmutter sagte: »Nix Wuttki Wuttki«, da wurde der Kerl richtig wütend und schrie: »Wenn nix Wuttki, dann Urri Urri!« Und dieses Mal wurde Großvater seine schöne goldene Sprungdeckeluhr zum zweitenmal und endgültig los. Auch die drei anderen Männer rückten ihre Taschenuhren heraus, und der Kosak mit dem Revolver feuerte zum Abschied einen Schuß in die Kellerdecke. Die Frauen schrien auf und Großmutter zitterte am ganzen Leibe und bejammerte den Verlust der kostbaren Schweizer Uhr, die Onkel Walter dem Großvater zum fünfzigsten Geburtstag geschenkt hatte. Aber Großvater tröstete sie liebreich und sagte: »Scheiß auf die goldene Uhr, Krümelchen, ich habe ja noch meine alte Nickelzwiebel. Die Hauptsache ist, daß wir heil durchkommen. Und jetzt wollen wir auf

den Schreck alle einen verlöten!« Und Großmutter griff unter ihren weiten Rock und holte eine von den drei Flaschen Jamaica-Rum, die sie zur Erhaltung von Großvaters Lebensgeistern verwahrt hatte, aus ihrem Geheimversteck und ließ sie reihum gehen. Als sie zu Großmutter zurückkam, war sie bis auf einen kleinen Rest leer, denn alle, auch die Frauen, hatten einen richtigen Tröstungsschluck nötig gehabt.

Noch am gleichen Abend hörte man in der Ferne den Donner von Geschützen. Einige Granaten schlugen in der Nähe unseres Hauses ein, und eine zerstörte den Kirchturm, auf dem die Russen einen Artillerie-Beobachter postiert hatten. In der Nacht war die Stadt von Bränden hell erleuchtet, in manchen Häusern hatten die Russen Feuer gelegt, andere waren von unserer Artillerie in Brand geschossen worden. Die Russen setzten sich in wilder Flucht nach Osten ab, sie ließen ihre Toten und die Schwerverwundeten zurück, und einen toten russischen Hauptmann, der sich noch mit letzter Kraft ins Haus geschleppt hatte und dort verblutet war, fanden Strademanns, denen die Wohnung links im Parterre gehörte, in ihrer Küche. Ich durfte ihn nicht sehen. Die Männer schafften ihn aus dem Hause, und dort lag er, mit einem von Großmutters Bettlaken zugedeckt, bis zum nächsten Tage. Es wurde noch eine Zeitlang hin und hergeschossen, aber dann rückten unsere deutschen Soldaten ein, und alle Menschen weinten und jubelten, daß sie nun endlich von den Russen befreit worden waren. Nur Großmutter jubelte nicht, denn sie hatte alle Hände voll zu tun, um die verwüstete Wohnung in Ordnung zu bringen. Immer wieder sagte sie, die Russen hätten wie die Vandalen gehaust, aber am meisten empörte sie, daß ihr die Russen nicht nur die Schranktüren eingetreten, alle Schubladen herausgerissen, die Matratzen zerschlitzt und eine Menge Glas und Porzellan zerschlagen hatten, einer von den Schweinekerlen hatte ihr mitten auf den runden Mahagonitisch im Eßzimmer einen riesigen Haufen hingesetzt. Großvater konnte nur den Kopf schütteln und meinte, ganz abgesehen davon daß es in der ganzen deutschen Armee keinen Soldaten gebe, der zu solch einer gigantischen Leistung fähig sei, sei solch eine Sauerei im ganzen siebziger Krieg nicht vorgekommen, da hatte es schon einen Mordskrach gegeben, wenn es mal einer gewagt hatte, in den Schlössern Lothringens oder der Champagne in die Vasen zu pinkeln.

Obwohl Lyck nun von der Russenherrschaft befreit war, dauerte es doch noch lange, bis die Züge wieder liefen und bis ich zu den Eltern nach Königsberg zurückfahren konnte. Als mich die Großeltern sichtlich erleichtert in den Zug setzten, war es September geworden. Am Reisegepäck hatte ich schwer zu schleppen, denn neben einem Dutzend großer Granatsplitter, die ich als Kriegsandenken in den Straßen aufgelesen hatte, brachte ich einen siebenschüssigen russischen Nagan-Revolver, ein langes russisches Bajonett, einen Haufen Patronenhülsen, kupferne Führungsringe von Granaten und eine Handvoll russischer Kokarden mit, lauter Dinge, mit denen ich einen schwungvollen Handel zu betreiben gedachte. Ich war richtig froh, wieder nach Hause zu kommen, denn in Lyck war es mir unter lauter alten Leuten doch sterbenslangweilig geworden. Daß sie sich daheim freuen würden, mich nach so langer Zeit wiederzusehen, hatte ich mir schon gedacht, aber daß sie

mich begrüßten und abküßten, als ob ich von den Toten auferstanden sei, hatte ich doch nicht erwartet. Sogar Vater, sonst eher zurückhaltend mit seinen Gefühlen, wischte sich dauernd die Augen und beklopfte und betätschelte mich von allen Seiten, als könne er es nicht glauben, daß ich wieder heil und gesund bei ihm sei. Auch Else war zu meinem Empfang auf die Bahn gekommen, doch sie fuhr nicht wie wir mit der Elektrischen heim, sondern in einer Droschke, weil ihr auf der Straßenbahn in letzter Zeit manchmal schlecht geworden war, aber Mutter sagte, es sei keine Krankheit, sondern wenn nichts Unvorhergesehenes dazwischen käme, würde ich im nächsten Jahr Onkel werden.
Von Ernst erfuhr ich, daß er gleich nach Kriegsausbruch zum Feldartillerieregiment Nr. 37 nach Insterburg einberufen worden war und auf dem Weg nach seinem Gestellungsort um ein Haar den Russen in die Hände gelaufen wäre, die Insterburg schon besetzt hatten. Seinem Regiment war es gerade noch gelungen, sich mit allen Geschützen nach Königsberg abzusetzen, und dort diene er jetzt als Rekrut in der Kaserne am Steindammer Tor. Und Mutter sagte, sie habe schwere Wochen hinter sich, denn Tante Grete habe mit Onkel Karl und ihren drei Kindern im letzten Augenblick aus Stallupönen fliehen können, und sie hätten über drei Wochen lang zu fünft bei uns gelebt. Aber jetzt hätten sie in unserer Nähe ein Zimmer in der Mozartstraße bezogen, den kleinen Walter habe Tante Elma zu sich genommen, und nur Hans und Trudchen seien noch bei uns und ich müsse mein Zimmer mit ihnen teilen. Das empfand ich keineswegs als eine unangenehme Nachricht.
Leider hielt die weiche Stimmung, mit der Vater mich

vom Bahnhof abgeholt hatte, gar nicht lange vor, denn als ich daheim in der Wohnung angekommen, die Pappschachtel mit meinen Kriegsandenken auspackte und das Bajonett und den Trommelrevolver herausholte, da war es schon mit der Gemütlichkeit vorbei. Vater knurrte, auf den Einfall, mich solche Mordinstrumente mitnehmen zu lassen, könnten auch nur die Alten in Lyck kommen, und er nahm mir die beiden besten Stücke meiner Andenkensammlung an die Besetzung und Befreiung von Lyck einfach weg und verschloß sie im Kleiderschrank. Das dämpfte meine Freude, wieder zu Hause zu sein, erheblich. Aber der richtige Dämpfer kam erst am nächsten Tag, als er sich eine Stunde dienstfrei nahm, um mich in die Schule zu begleiten. An die hatte ich überhaupt nicht mehr gedacht. Es waren die letzten Tage vor den Herbstferien und vor der Verteilung der Versetzungszeugnisse meines Michaelis-Cötus nach Quinta. Ich hatte die Schule fast eineinhalb Monate lang versäumt und Vater befürchtete, daß man mich sitzen lassen werde. Aber unser Klassenleiter, der Herr Dr. Latte, beruhigte ihn und sagte, meine Leistungen seien so zufriedenstellend gewesen, daß er keine Bedenken habe, meine Versetzung nach Quinta zu befürworten. Allerdings hätte ich die vierte und fünfte lateinische Konjugation und manches andere versäumt, und er halte es für das beste, wenn Vater mir zum Einholen dieser Versäumnisse in den Herbstferien Nachhilfeunterricht erteilen lassen würde. Er empfahl Vater sehr warm ein Fräulein Schwendowius in der Magisterstraße, die dieses Geschäft bei mäßigen Honoraren mit großem Erfolg betreibe. Vater bedankte sich bei Herrn Dr. Latte mit ausgesuchter Höflichkeit, obwohl ihm Schulmeister doch ein Greuel waren, und setzte sich noch am gleichen Nachmittag mit Fräulein Schwendowius in Verbindung, die ihm versprach, mich in den Herbstferien jeden Nachmittag zwei Stunden lang gehörig dranzunehmen, so daß ich den Anschluß an die Klasse ohne Schwierigkeiten finden würde. Das wurden bittere Herbstferien, soweit man überhaupt von Ferien sprechen konnte, denn Fräulein Schwendowius, eine pensionierte Lehrerin, die einen Zwicker trug und fürchterlich schielte, entdeckte in meinem Wissen mehr Lücken, als sie vermutet hatte, und nahm mich Nachmittag für Nachmittag nicht zwei, sondern meistens drei und vier Stunden tüchtig dran. Die Stunde kostete zwei Mark, und Mutter jammerte, daß ich ihr den ganzen Haushalt durcheinander brächte. Aber Vater sagte, sie solle nicht jammern, denn ein verlorenes Jahr sei bedeutend teurer. Und das sah sie auch ein.

In diesen Herbstferien grassierte eine Diphteritis-Epidemie, die für Tante Grete und den gelähmten Onkel Karl einen neuen Schicksalsschlag brachte. Mein Cousin Hans und meine Cousine Trudchen, die mit mir zusammen auf einem großen Matratzenlager in der Glasveranda kampierten, bekamen am gleichen Tag Halsschmerzen und Fieber und starben bald darauf am gleichen Tag und fast zur gleichen Stunde. Die Eltern machten sich um mich die größten Sorgen, aber Oma Gutbrod beruhigte sie und sagte, sie kenne ein unfehlbares Mittel gegen alle Ansteckungskrankheiten, und mir werde genauso wenig passieren wie ihren Enkeln Rudi und Helmut, wenn ich wie die beiden in jeder Backe hinter den Zähnen eine Gewürznelke im Mund trüge, möglichst auch in der Nacht. Drei Wochen lang lief ich mit zwei scharfbitter schmeckenden Kreidenelken im Mund herum, und Mutter war fest davon überzeugt, daß ich schließlich nur durch Oma Gutbrods Wundernelken von der Diphteritis verschont blieb. Und was später auch an Krankheiten über die Welt hereinbrach, selbst die Grippe des Jahres 1918, die in ganz Europa Millionen Todesopfer forderte, überstanden wir alle mit zwei Gewürznelken im Mund ohne den geringsten Schaden zu nehmen.

Obwohl ich den Krieg mit allem, was er an Tod und Zerstörung mitbrachte, doch erlebt und gesehen hatte, scheinen mich die Ereignisse und Erlebnisse in Lyck wenig beeindruckt zu haben. Statt Indianer und Trapper oder Räuber und Gendarm spielten wir jetzt mit der gleichen Hingabe und Begeisterung Krieg; und wie in Ostpreußen alles, sogar die Worte Ja und Nein als Jachen und Neinchen eine liebenswürdige Diminutivform bekamen, spielten wir auch nicht Krieg, sondern eben Kriegchen, und kamen uns höchstens darüber ernsthaft in die Wolle, wer die Rolle der deutschen oder der russischen Soldaten übernehmen sollte. Natürlich wollte niemand Russki sein. Auch unsere Lehrer spielten begeistert mit und vollbrachten bei Schulausflügen auf den Galtgarben mit dem Angriff auf den Bismarckturm und seine heldenhafte Verteidigung wahre strategische Meisterleistungen. Es waren fast nur alte Herren und Reserveoffiziere, die uns – durch blaue und rote Armbinden in zwei Heeresgruppen aufgeteilt – in den Kampf und zum Sieg führten, und ihnen standen für ihre militärischen und sorgfältig vorbereiteten Operationen auf jeder Seite rund vierhundert Mann zur Verfügung. Nur Herr Dr. Latte und unser neuer Klassenlehrer, Herr Dr. Hurtig, waren jüngere Herren. Sie waren vom Militärdienst zurückgestellt worden, denn der eine hatte es an der Lunge, und der andere war so kurzsichtig, daß er schon fast blind zu nennen war. Es gab auf dem Galtgarben viele Kreuzottern, und unserem Dr. Hurtig passierte das Mißgeschick, daß er in seiner Kurzsichtigkeit beim Sammeln von Tannenzapfen, die wir bei unsern Kämpfen als Munition verwendeten, statt eines Tannenzapfens eine Kreuzotter erwischte. Sie biß ihn in den rechten Daumenballen, und der Professor Kornfeld, der in den oberen Klassen Zoologie und Botanik unterrichtete und zwei Semester Medizin studiert hatte, brachte ihm mit der ausgeglühten Klinge seines Federmessers einen tiefen Kreuzschnitt im Ballen bei und saugte ihm das vergiftete Blut aus der Wunde. Und dann gaben sie ihm in einem Dorfwirtshaus eine halbe Flasche Kornschnaps zur Anregung des Herzens zu trinken, und ein Bauer brachte ihn auf einer Kartoffelfuhre in die Stadt zurück. Sein Arm war noch lange schwärzlich angeschwollen, aber er überstand den Kreuzotterbiß, und dann kam der Winter, und mit den Kriegsspielen war es ohnehin vorbei.

Aber es blieb eine glorreiche Zeit, denn im Osten und im Westen rückten die deutschen Heere siegreich vor, und für jeden Sieg und für jede Gefangennahme von mehr als fünfzigtausend Feinden gab es einen schulfreien Tag. Selbst Vater, der sich beim Ausbruch des Krieges um die Zukunft große Sorgen gemacht hatte, begann sich zu begeistern und schnitt die Siegesnachrichten aus der Königsberger Allgemeinen Zeitung aus und sammelte die Extrablätter in einer Mappe. Und immer wieder bedauerte er sein persönliches Pech, für den siebziger Krieg zu jung gewesen und für diesen zu alt geworden zu sein. Der einzige, der an den Siegen keine rechte Freude zu haben schien, war mein Bruder Ernst. Dabei war er inzwischen schon zum Gefreiten befördert und als Artillerist in der Winterschlacht in Masuren durch einen Granatsplitter am linken Bein verwundet worden. Er hatte nach der Entlassung aus dem Lazarett vierzehn Tage Genesungsurlaub bekommen, den er zu Hause verbrachte. Die ganze Zeit über vergrub er sich in seinem Turmzimmer, trug nur seine alte grüne Cimbern-Kneipjacke und rauchte die lange Pfeife, die ihm sein Leibfuchs zum Referendarexamen dediziert hatte. Wenn ich ihn nach seinen Kriegserlebnissen ausquetschen wollte, dann konnte er richtig grob werden und schmiß mich kurzerhand aus seinem Zimmer hinaus. Bald darauf mußte er wieder zu seinem Regiment zurück an die Ostfront, aber nicht mehr nach Masuren, denn von dort waren die Russen zum zweitenmal über die Grenze zurückgeschlagen worden. Jetzt lag sein Regiment schon vor Minsk, und ich bekam von ihm eine Feldpostkarte mit der von wenig Takt und Zartgefühl zeugenden Anfrage, wie ich mit den unregelmäßigen Verben zurecht käme, denn was diese betraf, hatte Herr Dr. Hurtig einiges an mir auszusetzen.

Die Großeltern hatten auch die zweite Eroberung und Befreiung von Lyck heil überstanden, allerdings ein wenig versengt und angekokelt, denn das Haus war mit allen ihren Möbeln und Sachen über ihnen bis auf die Grundmauern abgebrannt. Sie kamen mit dem, was sie auf dem Leibe trugen, bei uns an und fanden einige Zeit später in der Hohenzollernstraße in einem Parterrezimmer eine Notunterkunft. Dort saß Großvater in einem Lehnstuhl den ganzen Tag am Fenster und schaute auf die Straße hinaus. Er rasierte sich nicht mehr und ließ sich einen struppigen Schnurrbart und einen langen Bart wachsen, der durch den Pfeifenrauch immer gelber wurde. Alle vier Wochen wusch Großmutter ihm Bart und Schnurrbart in einer Schüssel mit Boraxwasser, dann sah er für eine Weile wieder weiß aus. Im Gegensatz zu Großmutter, die agil wie eh und je blieb, war er sehr alt und unbeweglich geworden. Wenn ich ihn in dem kleinen, muffig riechenden Zimmer besuchte, dröselte er vor sich hin und sagte nur: »Ja, Jungchen, der Krieg, der Krieg ...« Und eines Tages schlief er in seinem Lehnstuhl am Fenster für immer ein.

Im ersten Kriegswinter gab es noch keine Not, und durch den zweiten kamen wir mit unseren Vorräten an Kartoffeln, Äpfeln, Gemüse und einem Faß voll Sauerkohl auch noch ganz gut durch. Aber als dann der dritte Kriegswinter kam, da wurde es schlimm. Da gab es keine Milch und kein Fett, das Brot wurde mit Kartoffeln gestreckt und war naß und schwer wie Blei, und Mutter briet Kartoffeln und Rübenschnitten auf Malzkaffee, damit die Bratkartoffeln und Rübenschnitzel ein wenig Farbe bekamen. Morgens kochte sie für Vater und mich eine Suppe aus gebranntem Gerstenmehl, das es markenfrei in blauen Paketen mit dem Aufdruck »Morgentrank« zu kaufen gab. Vater nannte es nur Morgendrank und behauptete, im Frieden hätten so was nicht einmal die Schweine gefressen, aber er löffelte vier Teller davon in sich hinein. Innerhalb der letzten zwei Jahre hatte er hundertunddreißig Pfund abgenommen und brachte mit hundertfünfundzwanzig Pfund nicht einmal mehr die Hälfte seines ursprünglichen Gewichtes auf die Waage. Den dünnen Hals im viel zu weit gewordenen Kragen entzog sein wallender Bart gnädig dem Blick, aber seine Anzüge schlotterten um seinen Körper herum, als hingen sie auf dem Gestell einer Vogelscheuche. Bis Mut-

ter einen Schneider fand, der ihm einen seiner Anzüge änderte, vermied ich es, mich neben ihm sehen zu lassen, denn die Straßenjungen vom Sackheim schrien ihm ›Knokejerüst‹ und ‹Dood von Warschau‹ nach . . .
Lotte hatte vor kurzem am Städtischen Oberlyzeum ihr Abschlußexamen bestanden. Da sie keine Neigung verspürte, Hungers zu sterben, hatte sie sich um eine Stellung als Volksschullehrerin beworben und war nach wenigen Probewochen in eine der nahrhaftesten Gegenden der Provinz, ins Oberland, versetzt worden. Dort in dem Mohrunger Bezirk hießen die Dörfer nicht ohne Grund Himmelspforten und Güldenboden, Paradies und Sonnenborn, und in eben diesem Dörfchen Sonnenborn unterrichtete Lotte die Schulkinder im Lesen und Schreiben und erteilte den Kindern der Großbauern und Gutsbesitzer in der Sonnenborner Umgebung zur Aufbesserung ihrer Bezüge Klavierstunden und Gitarren-Unterricht. Dabei legte sie auf Bargeld weniger Wert als auf Naturalien, und sie hamsterte dabei so viel zusammen, daß sie uns hin und wieder ein Freßpaket mit etwas Räucherspeck, Schweineschmalz, einem Huhn oder anderen milden Gaben, die Mutter bis zu Tränen rührten, zukommen lassen konnte. Aber sie mußte vorsichtig sein, denn auf den Postämtern fanden Paketkontrollen statt, und da nur kleine Päckchen nicht kontrolliert wurden, kam das für uns bestimmte Suppenhuhn sozusagen schon in Portionen zerlegt bei uns an.
Schon zu Anfang des Herbstes, als ich mir noch mit den Freunden Rudi und Helmut in Opa Gutbrods Garten den knurrenden Bauch mit Äpfeln, Birnen und Pflaumen füllte und gelegentlich mit ein paar Eiern, die wir aus Oma Gutbrods Hühnerstall klauten, ging

es in der Wohnung von Onkel Fritz und Tante Emilie recht geheimnisvoll zu. Sie ließen niemand zu sich ein und fertigten nicht nur den Briefträger, sondern auch den Kassierer von den Stadtwerken und jeden anderen Besucher vor der Wohnungstür ab. Während Vater statt seiner schweren goldenen Uhrkette längst eine schwarze Eisenkette mit kleinen ovalen Zwischenplättchen trug, auf denen ›Gold gab ich für Eisen‹ zu lesen war, und Mutter ihren breiten goldenen Ehering gegen einen Ring aus Nickelstahl mit der Inschrift ›Vaterlandsdank 1914‹ eingetauscht hatte, trug Onkel Fritz seine Uhr noch immer an einer Goldkette in der Westentasche, und er hatte sich auch mir gegenüber völlig zugeknöpft gezeigt, als ich ihn bei den Goldsammlungen, für die es schulfreie Tage gab, höflich gebeten hatte, mir sein Goldgeld auszuhändigen und es gegegen Papiergeld umzutauschen. Obwohl er doch den Chinafeldzug als Major mitgemacht hatte, zeigte er so wenig vaterländische Gesinnung, daß er nicht einmal Kriegsanleihe zeichnete. Als ich dann einige Zeit später anläßlich einer Kupfersammlung wieder bei ihnen klingelte, da wollte Tante Emilie mit ihrem schiefen Mund mich gleich an der Tür abwimmeln, aber da kam Onkel Fritz aus dem Wohnzimmer und sagte zu seiner Schwester, sie solle mich nur eintreten lassen. Es roch im Flur gar nicht gut. Und dann fragte er mich, ob ich wisse, was ein Ehrenwort sei, und als ich sagte, das wisse ich sehr wohl, da fragte er mich, ob ich mir jede Woche eine Mark verdienen wolle. Ich müsse ihm aber mein Ehrenwort geben, keinem Menschen, nicht einmal meinen Eltern, etwas davon zu sagen. Das versprach ich ihm feierlich. Und dann sagte er, ich könne mir die Mark jede Woche von ihm abholen, wenn ich täglich

unsere Küchenabfälle, vor allem Kartoffelschalen und Fallobst aus Gutbrods Garten, aber auch Eicheln und Rübenabfall, ohne viel Aufsehen zu erregen, bei Tante Emilie abliefern würde. Und dann lüftete er mir sein Geheimnis. Er hatte nämlich von einem seiner Jagdfreunde, einem Gutsbesitzer aus der Mehlauker Gegend, ein Läuferschweinchen von etwa zwanzig Pfund Gewicht geschenkt bekommen, es im Rucksack heimgetragen und sich nach langer Beratung mit Tante Emilie entschlossen, das Ferkel in der Wanne des Badezimmers auf achtzig bis hundert Pfund hochzupäppeln, so daß es zu Weihnachten gerade schlachtreif sei. Im Anfang war das auch recht gut gegangen, aber mit der zunehmenden Größe und dem wachsenden Appetit des Schweinchens langten die Abfälle ihres Zweipersonenhaushaltes zur Fütterung einfach nicht mehr aus. Deshalb also sollte ich helfen, und Onkel Fritz war großzügig genug, mir neben der wöchentlichen Zahlung von einer Mark auch noch ein ehrliches Stück von seinem Schwein zu versprechen, wenn ich das Futter heranschaffte und mich auch sonst an seine Bedingungen hielt.
Ich war mit richtigem Feuereifer bei der Sache, ich sammelte nicht nur Eicheln, sondern auch Bucheckern, die für das Schwein eigentlich viel zu schade waren, denn Mutter preßte aus Bucheckern Öl; ich suchte sogar die Mülltonnen der Nachbarhäuser nach Abfällen durch, mit soviel Hingabe und Erfolg, daß ich mir einbilden konnte, das meiste zur Aufzucht des Schweinchens getan und mir durch meine Bemühungen das Anrecht auf einen ganzen Schinken erworben zu haben. Und der sollte mein Weihnachtsgeschenk für die Eltern werden. Das Schwein gedieh in der Badewanne auf einem Holzrost, den Onkel Fritz aus

Kistenbrettern zusammengenagelt hatte, ganz prächtig. Aber kurz vor Weihnachten, als Tante Emilie den verzinnten Waschkessel schon aufs Feuer stellte, um das Schwein abzubrühen, geschah das Unglück. Onkel Fritz war ganz gewiß ein guter und erfahrener Weidmann, von der Schweinemetzgerei aber hatte er leider nicht die geringste Ahnung. Als er die Sau, die einen guten Zentner wiegen mochte, acht Tage vor dem Fest abzustechen versuchte, mißlang ihm der an Rehen und Hirschen in Jahrzehnten geübte Fangstoß so gründlich, daß die Sau mit einem gewaltigen Satz aus der Badewanne sprang und blutend und irr schreiend durch die Wohnung raste. Zwei kostbare, hohe Chinavasen gingen dabei in Trümmer, ein Tisch mit Nippes stürzte um, und eine Glasvitrine voller Elfenbeinschnitzereien, Jadefigürchen und feinem Porzellan bildete nur noch einen wüsten Scherbenhaufen. Onkel Fritz blieb nichts anderes übrig, als sich auf seine Fertigkeiten als Jäger zu besinnen, hinter seinem Schreibtisch auf Anstand zu gehen und das Schwein nach einem Schuß, der daneben ging, durch einen zweiten zur Strecke zu bringen. Die Schüsse alarmierten leider nicht nur das Haus und die Nachbarschaft, sondern auch einen Schutzmann, der gerade durch die Tiergartenstraße patrouillierte. Der alte Musikprofessor und seine Damen glaubten allen Ernstes, Onkel Fritz sei irrsinnig geworden und habe seine alte Schwester in einem Wahnsinnsanfall umgebracht. Der Schutzmann drang in die Wohnung ein, erklärte das tote Schwein für beschlagnahmt und nahm Onkel Fritz auf die Polizeiwache mit. Zwar wurde er dort nach wenigen Stunden entlassen, aber das Schwein blieb beschlagnahmt, und eine hohe Geldstrafe war ihm auch sicher. Und damit waren auch meine Hoffnungen, die Eltern mit einem saftigen Bratenstück zu überraschen, dahin.

In diese traurige Stimmung fuhr wie ein Lichtstrahl des Leuchtturmes von Brüsterort ein Telegramm von Lotte hinein, daß sie am Nachmittag des 24. Dezember mit schwerem Gepäck auf dem Hauptbahnhof eintreffen werde, und daß man sie abholen solle. Mit schwerem Gepäck! Lieber Gott, das konnte nur gutes Bauernbrot, Butter, Würste und vielleicht sogar eine Gans bedeuten. Wir waren ohne Mädchen, denn unsere Anna hatte im Herbst ihren Maurermeister geheiratet, mit dem sie schon ging, als er noch Polier gewesen war. Er hatte gleich zu Anfang des Krieges in der Schlacht von Tannenberg den linken Fuß verloren. Anna hatte um diesen Fuß viele Tränen geweint, aber zum Schluß war sie der russischen Granate, die ihrem Gottfried den Fuß aberissen hatte, richtig dankbar, denn für ihn war der Krieg zu Ende.

So machte ich mich denn mit meinem Rodelschlitten kurz nach dem Mittagessen, einer dicken Kartoffelsuppe, allein auf den Weg zum Bahnhof. Zwei mit Kunsthonig bestrichene Brote hatte Mutter mir für alle Fälle mitgegeben, denn wir wußten ja nicht, wann Lotte eintreffen würde. Es war ein richtiges Stiemwetter. Der Ostwind fegte eisig durch die Straßen und ich machte mich auf ein langes Warten gefaßt, denn bei diesem Wetter konnte es leicht geschehen, daß der Zug in einer Schneewehe steckenblieb. Vor dem Bahnhofsgebäude und in der kalten, zugigen Bahnhofshalle lungerten ausgemergelte Menschen herum, auf Angehörige wartend, die zum Hamstern aufs Land gefahren waren. Sie schlichen unruhig und sorgenvoll an den streng bewachten Sperren vorüber, in der Hoffnung, irgendwo eine Lücke zu erspähen, wo man der Kontrolle entgehen konnte. Aber da gab es nirgendwo eine Lücke, an jeder Sperre standen zwei Mann von der Bahnpolizei, deren Laune bei der eisigen Kälte von Stunde zu Stunde schlechter wurde, und andere patrouillierten an den Bahnsteigen entlang.

Es wurde drei und es wurde vier Uhr, die Dunkelheit brach herein, und ich erstarrte in der bitteren Kälte bis ins Mark. Gegen sechs Uhr abends lief der Zug aus Mohrungen endlich ein. Er war kurz hinter Wormditt tatsächlich zwei Stunden lang im Schnee stecken geblieben. Ich trabte mit meinem Schlitten an den Abteilen entlang und entdeckte meine Schwester Lotte mit zwei Koffern, deren Gewicht ihr fast die Arme ausriß. Ihr erstes Wort war, ob es eine Kontrolle gäbe, und als ich ihr sagte, daß sie heute ganz besonders streng sei, da seufzte sie nur: »Lieber Gott, dann war alles umsonst ...«

»Was hast du denn mitgebracht?« fragte ich.

Sie antwortete mir, im großen Koffer seien Kartoffeln, und im kleineren Äpfel und Zuckerrüben, um Sirup zu kochen. »Und was sonst?« fragte ich ziemlich enttäuscht. Ein bißchen was, murmelte sie.

Kartoffeln, Rüben und Äpfel, na, da brauchte sie sich wirklich keine Sorgen zu machen, denn darauf waren die Kontrolleure bestimmt nicht scharf. Und so lud ich die schweren Koffer auf den Schlitten und zog damit zur Sperre ab. Dort gab es Tumult und Geschrei. Zwei von den Bahnpolizisten waren gerade dabei, einen alten Mann abzuführen, der für seine Familie ein Stück Speck oder etwas Fleisch gehamstert hatte und sich nun schimpfend und um sich schlagend gegen die Beschlagnahme und gegen seine Verhaftung wehrte. Wahrscheinlich hatte keiner von den Leuten, zwischen denen ich mich zum Ausgang schob, ein gutes Gewissen. Manche drückten sich mit ihren Koffern und Rucksäcken in die Dunkelheit zurück. Ich schob mich zur Sperre vor. Was hatte ich schon zu befürchten? Einer von den beiden Polizisten an der Sperre winkte mich zu sich heran.

»Was hast du in den Koffern?« fragte er und stieß mit der Stiefelspitze gegen den großen Koffer, der zuunterst auf dem Schlitten lag.

»Was werd' ich wohl drin haben«, antwortete ich dreist grinsend, »ein halbes Schwein, eine Gans, Weizenmehl, drei Würste und einen Klumpen Butter.«

Er schien das gar nicht lustig zu finden. »Aufmachen!« befahl er und blies mir den Tropfen, der an seiner Nase hing, mitten ins Gesicht. Ich kriegte eine furchtbare Wut und war nahe daran, ihm mitten in seine grobe Fresse zu spucken.

»Wird's bald!« pfiff er mich an.

Da ließ ich die Schlösser von dem kleineren Koffer aufspringen. Es war der Koffer mit den Äpfeln und Zuckerrüben, und die Äpfel sahen jämmerlich verschrumpelt und erfroren aus. Der andere Polizist hob den Stiefel an, es sah ganz danach aus, als hätte er große Lust, mir einen Tritt in den Hintern zu geben. Aber weil noch eine Menge Leute herumstanden, beherrschte er sich.

»Hau schon ab, du freche Wanze!« sagte er und gab mir den Weg frei. Lotte war plötzlich verschwunden. Und während ich noch in der Halle stand und mir überlegte, ob ihr vielleicht etwas zugestoßen sei, brachte der gleiche Kerl, der mir den Nasentropfen ins Gesicht gespritzt hatte, sie angeschleppt. Sie war an der Sperre vor Hunger oder vor Kälte glatt umgekippt.

»Scheißzeiten, Fräuleinchen«, sagte der Polizist und wollte sie in den Wartesaal bringen, wo es zwar nicht geheizt, aber doch nicht so eisig kalt wie in der Halle war. Ich lief zu ihm hin und sagte ihm, es sei meine Schwester, und ich würde sie auf den Schlitten setzen und heimfahren.

»Dann bind sie man an, daß du sie nicht unterwegs verlierst«, sagte er und ging zur Sperre zurück.

»He«, sagte ich zu Lotte, »was war bloß mit dir los? Du siehst ja ganz käsig aus . . .«

»Ach, du kleiner Oberidiot«, stammelte sie, »in den Koffern ist unter den Kartoffeln und Äpfeln fast ein halbes Schwein drin, und Mehl, und eine Speckseite, und Butter, und noch einiges mehr . . .«

Als ich das hörte, da spürte ich, wie auch mir die Knie weich wurden und wie es mir kalt durch die Därme lief.

Und dann machten wir, daß wir wegkamen. Der Weg vom Hauptbahnhof bis zu den Hufen hinaus war endlos. Gegen neun Uhr kamen wir keuchend und frosterstarrt zu Hause an. Es gab weder Gas noch Strom. Die Eltern saßen mit Else und ›Onkel Richard‹, der als leitender Ingenieur von seiner Maschinen- und Waggonfabrik für unabkömmlich erklärt worden war und nicht einzurücken brauchte, beim trübseligen Schein eines Hindenburglichtes in der Küche, dem einzigen Raum, der geheizt war. Auf der Anrichte stand ein winziges Tannenbäumchen ohne Lichter, mit ein wenig Lametta und ein paar bunten Glaskugeln dürftig aufgeputzt. Vater rauchte aus der Stummelpfeife den Steinklee, den er im Herbst gesammelt hatte, und Mutter hatte aus Holundersaft einen Punsch gebraut, der mit Sacharin gesüßt war. Ein Schuß Alkohol war auch darin, denn Tante

Elma hatte ihr ein Fläschchen Apothekensprit geschenkt.
Lotte und ich konnten nur noch zähneklappernd herausbringen, daß unten im Hausflur ein halbes Schwein liege. Ich will es nicht beschwören, aber ich glaube mich daran zu erinnern, daß Mutter den großen Waschkessel schon aufs Herdfeuer setzte, ehe Vater und Onkel Richard die Treppe hinunterliefen. Und als sie die Koffer heraufschleppten, da hatte Else den Fleischwolf bereits an den Küchentisch geschraubt, und dann wuschen die Frauen die Därme aus und schabten sie sauber. Und Vater drehte abwechselnd mit Onkel Richard Innereien und Teile vom Kopffleisch durch die Messer. Und das Schweineblut, das Lotte in einer Bierflasche mitgebracht hatte, wurde angewärmt und durchgerührt. Und Mutter kehrte den Gewürzschrank aus, nach Senfkörnern und Pfeffer und Majoran. Um Mitternacht summte das Wasser im Kessel, und darin schwammen, kunstgerecht abgebunden, Blut- und Leber- und Grützwürste. Und als die Glocken von der Luisenkirche den ersten Weihnachtstag einläuteten, da ging Vater ins Wohnzimmer hinüber, um von der Spiegelkonsole die große Bilderbibel zu holen. Er legte sie auf den Tisch und schlug das zweite Kapitel des Lukas-Evangeliums auf und begann zu lesen: »Es begab sich aber zu der Zeit, daß ein Gebot von dem Kaiser Augustus ausging, daß alle Welt geschätzet würde. Und diese Schätzung war die allererste und geschah zu der Zeit, da Cyrenus Landpfleger in Syrien war...« Weiter kam er nicht. Der Duft aus dem Wurstkessel nach so vielen Hungerjahren überwältigte ihn und beraubte ihn der Stimme. Er mußte sich die Augen wischen, und Mutter nahm ihm die Bibel weg und stellte die schönen Teller von Onkel

Benjamins Hochzeitsgeschenk auf den gedeckten Tisch und teilte Würste und Kesselfleisch aus.
»Aber vorsichtig, Kinder!« warnte sie, »seid um Gotteswillen vorsichtig! Laßt euch Zeit! Eßt langsam und kaut gut, damit es euch nicht so geht wie dem alten Kommerzienrat Lüttjohann...« Denn der alte Kommerzienrat aus dem Nachbarhaus, zum Skelett abgemagert, war erst vor vier Tagen gestorben, weil er ein Stück fetten Schweinebauchs allzu gierig in sich hineingeschlungen hatte. Wahrscheinlich haben wir uns an Mutters Warnungen gehalten, denn wir kamen alle gesund über die Feiertage.
Von Ernst war Anfang Dezember ein Feldpostbrief gekommen, in dem er uns schrieb, daß er zu Weihnachten Urlaub zu bekommen hoffe, daß es aber nicht sicher sei, weil er hinter den verheirateten Männern seiner Batterie zurückstehen müsse. Er lag mit seinem Regiment jetzt irgendwo im Westen zwischen Verdun und Cambrai, wo die Fronten seit langer Zeit im Stellungskrieg erstarrt waren. Ich war sehr stolz auf ihn, denn er war inzwischen zum Oberleutnant und Batteriechef befördert worden. Ich konnte es gar nicht verstehen, daß ihn weder die Beförderung noch das Eiserne Kreuz besonders stolz oder glücklich zu machen schienen. Aber ob er nun Urlaub bekommen würde oder nicht, für jeden Fall bat er Mutter in seinem Brief, ihm, wenn sie es irgendwie schaffen könne, wollene Socken und Pulswärmer zu schicken, denn leider sei es auch in Frankreich saukalt. Mutter war es gelungen, zwei Paar Socken aus guter, dicker Schafwolle aufzutreiben, und die erwünschten Pulswärmer hatte sie ihm aus einer aufgerebbelten Wolljacke selber gestrickt. Als Weihnachtsgeschenke legten wir einen Beutel Tabak, zwei Zigarren und einige

Stücke von dem harten Pfefferkuchen, den Mutter aus dunklem Mehl gebacken hatte, in das Feldpostpäckchen. Kurz vor den Feiertagen kam eine Karte, daß es mit dem Urlaub nun doch Essig sei, denn die Franzosen seien wieder einmal recht munter, und die Urlaube seien auch für die verheirateten Leute gestrichen worden. Es klang ganz leicht und heiter ...

Zwischen Weihnachten und Neujahr kam das Feldpostpäckchen, das wir abgeschickt hatten, mit dem Aufdruck ›UNBESTELLBAR‹ zurück. Mutter ahnte Schlimmes, aber um Vater nicht zu beunruhigen, verschwieg sie es ihm. Der Brief des Kommandeurs, daß Ernst zusammen mit fünf Männern seiner Batterie am 18. Dezember in tapferer und treuer Erfüllung seiner Pflichten für Kaiser und Reich durch einen Volltreffer einen schnellen und leichten Soldatentod gestorben sei, erreichte uns in den ersten Tagen des neuen Jahres.

In kurzem Zeitabstand hatte ich den geliebten Großvater und den als Helden bewunderten Bruder verloren. Aber daß der Tod eine endgültige Trennung bedeutete, ging wohl über mein Vorstellungsvermögen hinaus. Im Herzen war ich fest davon überzeugt, daß der gütige alte Mann mich eines Tages wieder von seinem Fensterplatz zu sich heranwinken werde, und daß ich den Bruder über seinen Büchern im Turmzimmer, von Rauchwolken aus der langen Pfeife eingenebelt, wiederfinden würde. Ich weiß es nicht und ich glaube es auch nicht, daß mich mit meinen zwölf Jahren damals schon Zweifel zu bedrängen begannen, ob diese Welt, in die ich gewollt oder zufällig hineingestellt worden war, wirklich die beste aller denkbaren Welten sei. Ich meine, daß ich noch lange Jahre in den gegenwärtigen Tag und in die gegenwärtige

Stunde hineinlebte, ohne mir viele Gedanken zu machen und ohne mir dessen bewußt zu werden, welche Wandlungen und Veränderungen sich auf dem Planeten vollzogen hatten, auf dessen sausender Fahrt durch den Weltraum ich erst ein kleines Stück meines Lebens mitgereist war.

Weshalb hätte ich mir auch Gedanken machen sollen? In dem Garten von Opa Gutbrod kümmerte es die Obstbäume auch nicht, ob Krieg oder Frieden war. Sie blühten im Frühling, und an ihren Zweigen reiften die Butterbirnen und Goldparmänen dem Herbst und der saftigen Süße ihres Fruchtfleisches entgegen. In den Wäldern von Groß-Raum und Metgethen drängten sich Steinpilze und Reizker aus dem weichen Moos ans Licht. Und in Cranz und Rauschen hingen die Flundern an langen Schnüren aufgereiht golden und fett über den Rauchfeuern aus Torf und Wacholder. Der Prozeß der Veränderung brach ja auch nicht so plötzlich herein, daß man seiner eines Tages, wie von einer Flutkatastrophe oder von einem Vulkanausbruch jäh aufgeschreckt, gewahr wurde. Das Gefühl, von der rollenden Erdkugel, die mich in den Kinderjahren trug, herabgeschleudert und auf einen fremden Planeten geworfen zu sein, stellte sich erst später ein, und mit voller Deutlichkeit eigentlich erst in diesen Tagen und Monaten, in denen aus dem Gedächtnis, erst zögernd und dann williger, als hätte ich sie am Eingang der Unterwelt durch ein Blutopfer beschworen, aus den Nebeln der Vergangenheit – wie Inseln aus einer grauen, chaotischen Dämmerung – Bilder und Gestalten auftauchten, von denen ich viele längst entschwunden und verloren geglaubt hatte. Aber nun, da sie in meinen Gedanken fröhliche Urständ und eine fröhliche Wiederkehr feiern, wird mir bewußt, wie heiter und freundlich das Antlitz dieser unserer Erde einmal war. Sie war ganz gewiß kein Paradies und auch kein Garten Eden. Aber wir lebten auf einem Planeten, dessen Luft man atmen konnte, dessen Flüsse und Gewässer keine stinkenden Kloaken waren, dessen Städte noch nicht unter Dunstglocken erstickten, und auf dem kein Kind durch den höllischen Lärm der Flugzeuge aus dem Schlaf gerissen wurde. Und mich bedrückt der Gedanke an die Zukunft von Kindern und Enkeln, wenn ich auf die vergangenen Jahre zurückblickend zu rechnen beginne, wie wenig Zeit der Mensch in seiner Hybris – und vielleicht mit den besten Vorsätzen, das Dasein besser und menschenwürdiger zu gestalten – dazu gebraucht hat, unsere Erde zu zerstören.